Hartjeuk & Zieleczeem

Hartjeuk & Zieleczeem

Youp van 't Hek

Thomas Rap
Van Miereveldstraat 1
Amsterdam

Voor mijn vriend Thomas Chatziliontos.
Omdat Griekenland Europees voetbalkampioen
geworden is.

Inhoud

Voorwoord

Eén column ontbreekt in *Hartjeuk & Zieleczeem*. Toen ik in mei 2004 een kleine week in Den Bosch optrad, werd ik vier dagen gevolgd door een redacteur van het *Brabants Dagblad*. Dit resulteerde in een voor velen onschuldig artikel, waarin stond waar ik sliep, at en dronk. Hoort bij het beroemd zijn. Ik vond het minder onschuldig omdat het van a tot z klopte. Ik voelde mij gestalkt. Mijn wraak was zoet. Ik schreef dezelfde dag nog een column over de hoofdredacteur van deze provinciekrant en liet allerhande bartypes flink over hem roddelen. De man kwam naar voren als een hoerenlopende vreemdganger, die graag op kosten van de zaak privé uit eten ging. Volgens mij was het een doorgeslagen duimzuigstukje dat niemand zou geloven. Ik eindigde zelf ook in een hoerenkast.

Ik wilde de verantwoordelijke hoofdredacteur een rotweekend bezorgen. Dit alles onder het motto: blijf met je poten van mijn privé-leven af. Niks meer, niks minder.

Het viel anders uit. Zeer veel Brabantse lezers dachten dat ik werkelijke roddels genoteerd had en een rel-

9

letje was geboren. Mijn slachtoffer sprak in een brief aan *NRC Handelsblad* over reputatiemoord. Dit alles was niet de bedoeling. Het was niet meer dan een pesterijtje terug. In mijn ogen onschuldig. Men kent mij toch? Dat laatste bleek dus niet het geval. Als heel veel lezers het geschrevene niet snappen dan ligt het niet aan de lezers, maar aan de schrijver. In dit geval ondergetekende. Vervolgens heb ik een uitleg in het *Brabants Dagblad* en *NRC Handelsblad* geschreven, hebben de hoofdredacteur en ik wederzijds excuses aangeboden en heb ik hem beloofd het stukje niet in dit boekje op te nemen. Zo doen jongens dat. Niet te lang modderen in je eigen gelijk.

Verder een kanttekening bij de column *Jordanees poetsen*. Mij was het ooit opgevallen dat je vooral reacties krijgt op huiselijke onderwerpen. Je kan schrijven over Irak, honger, incest, sportverdwazing en supporterspsychose, maar bijna niemand reageert. Pak je een onderwerp als de ouderwetse harde Jordan-tandenborstel dan slibt je brievenbus dicht. Ik schreef dit stukje dan ook alleen maar om dat te bewijzen. Zomaar een grapje tussendoor. Of ik gelijk kreeg? Negenhonderddrieënveertig harde Jordan-tandenborstels werden mij vanuit alle hoeken van de wereld toegezonden, plus een groot aantal brieven met informatie waar ik ze nog kon krijgen. Heb nog wel een tip voor de tandenborstelfabriek: breng met spoed de harde Jordan weer op de markt. Er is een schreeuwende behoefte aan.

Terwijl u dit leest draait de wereld verder. Dus wordt er gemoord, gevochten, geruzied, gesport, gevreeën, gescheiden, gewerkt en gedanst. En ondertussen schrijf ik elke week mijn column. Waarvoor? Voor de glimlach, de knipoog en om het gezegd te hebben.

Youp van 't Hek
Amsterdam, herfst 2004

Hittegolfoorlog

Elke dag las ik in Italië onder het genot van een graadje of vijfenveertig in de schaduw de Nederlandse kranten en begreep welke problemen mijn landgenoten hadden met hun lullige achtendertig graden Celsius. Puffen en klagen. Altijd zeurt de Hollander dat het te koud is of te veel regent, maar is het een keer een tropische zomer dan is het ook weer niet goed. Terwijl de hitte toch goed werk heeft gedaan. Veel lieve oudjes, die al jaren in verpleeghuizen in hun doordrenkte pampers zwijgend zaten te verlangen naar een natuurlijk slot van hun aardse bestaan, zijn door de zinderende hitte uit hun lijden verlost. Nog een strenge winter er overheen en de wachtlijsten zijn weggewerkt.

'De mussen vallen van het dak,' zei ik tegen mijn vrouw en moest deze uitdrukking onmiddellijk aan mijn kinderen uitleggen. Er zijn namelijk geen mussen meer. Er valt helemaal niks meer van het dak. Zelfmoordenaars. Maar die vallen meestal in de herfst.

In Frankrijk wordt het aftreden van de minister van volksgezondheid geëist omdat daar drieduizend hittegolfdoden zijn gevallen. Alle mortuaria liggen vol.

Sommige lijken worden vacuüm verpakt om stankoverlast te voorkomen. Opa gaat voorgebakken het crematorium in. Misschien krijg je dan korting.

Bij ons Italiaanse huis staat dagelijks een Disney-film aan zwerfhonden bij het hek te wachten op een hapje en een slokje. Alles wat we over hebben gaat naar deze vlooiige dieren, die alles in twee happen en drie slurpende slokken naar binnen slaan. De moeder van bijna alle dieren, de snol die om de vijf maanden zwanger was van een andere hond, lag op een middag dood op de weg. Bezweken door de warmte. Twee van haar kinderen zaten er stil bij te kijken. De rest ravotte verderop in het dal alsof er niks gebeurd was. Omdat we het beest al vier jaar kenden, ging er een groot verdriet door ons gezin. Het hondje kon lachen en had de domste en trouwste hondenblik van het westelijk halfrond. En dat raakt kinderen diep in hun hart. We hebben haar in een hoekje van de tuin begraven. Alle honden keken op gepaste afstand toe en hebben de hele nacht geblaft. Diezelfde avond las ik dat je in ons land verkoelende *bodypackings*, waterijs en koele gel voor de honden en katten kon krijgen. De dierenwinkels konden het niet aanslepen.

Zelf lijkt het me prachtig als een keer een volledig strand in Juan-les-Pins sterft van de hitte. Ze liggen allemaal al keurig bloot opgebaard op hun handdoekjes en kunnen zo worden afgelegd en weggewerkt. En wie zal die rijke stinkerds missen? Wat is trouwens erger: de dood van een doodgevroren zwerver of de dood van een door de zon gebraden miljonair? De dood van de

Italiaanse zwerfsloerie bij mijn huis of het hondje van een Russische maffioso met zijn jacht in Portofino? Daar was ik toevallig en ik mocht er weer eens volop genieten van de armoede van de rijkdom. Ze leggen hun jacht met z'n reet naar het stadje, gaan op het achterdek kreeft, kaviaar en oesters zitten lunchen en kijken onderhand uiterst verveeld naar het gewone volk dat vanaf de kade toekijkt. Ze zijn zelfs bijna geïrriteerd. Zo'n blik van: gun ons privacy! In hetzelfde Portofino informeerde ik in een winkeltje naar de prijs van een champagnekoeler. Hij was 20.000 euro. Ik vroeg aan de verkoopmevrouw of ze er drie had. Helaas niet. Wel twee. Dan ging de koop wat mij betreft niet door. Drie boten, drie koelers, zo is het leven.

Het gezin van het grootste jacht ging jetskiën. Om de beurt op de ski? Nee, alle vijf een eigen jetski. Waarom wordt dit soort nou nooit eens getroffen door een gezonde zonnesteek? Waarom grilt God hun rashondje nou niet een keer spontaan tot as? De kans is klein. Tien minuten later zag ik namelijk de vrouw van de boot met haar Jack Russell lopen. Aan de lijn? Nee, hij hing als een baby in een tuigje op haar buik. Ze verdween in de champagnekoelerwinkel. Ik heb er lang naar gekeken. Jammer dat ik dit beeld niet meer aan onze zwerver kon vertellen.

Quotezak

Je leest *Mabel* en je zegt *Mebel*. Dan gok ik dat ze in Gooise hockeykringen is opgevoed. De *A van Abeltje* en de *M van Mabeltje*. Zover ik weet kwam Bruinsma ook uit de betere kringen. Zijn vader was directeur van *Raak*. Leuke naam als je een schietgraag zoontje hebt. Klaas Raak.

Eerst Klaas, toen een frauderende Bosnische minister en nu een treetje onder de kroonprins. Ze houdt van spanning, zullen we maar zeggen. Die Johan Friso lijkt een saaie, maar we kunnen wachten op de dag dat hij met een mitrailleur zijn hele familie omlegt. Enkel en alleen om zijn huwelijk te redden. En dan? Dan wordt Edwin de Claimbaron onze nieuwe koning. Maar eerst het huwelijk voorbereiden. Friso roept: 'Heeft de dominee nog gebeld?'

Was wel blij dat het pratend testbeeld Jort Kelder ook nog even zijn licht erover liet schijnen. Je zet de televisie aan en je ziet Jort. Of het nou over de omgelegde Lüske gaat, de sluiting van Vossius of over het dreigende stroomtekort: Jort doet zijn zegje. Moet er brak water in de tuinbouwgebieden? *Netwerk* belt Jort. Was de aanval op de vn in Irak voorzien? *Nova* polst Kelder. Heeft Ronald Koeman het juiste overhemd? De Vara vraagt Jort om zijn bretelmening.

'Wat wordt de opstelling, meneer Advocaat?'

'Jort gaf mij de volgende elf namen.'

Zal ons Keldertje ook nog een mening hebben over de prachtige rekenfout van Schiphol? Wat een planning. Wat laat politiek Den Haag zich weer schitterend piepelen door de louche luchtvaartlobby. Die Cerfontaine is een echte kerel als hij van zijn opties een bungalow in Zwanenburg koopt en daar een paar jaar gaat wonen. En dan moet hij eens proberen om binnenshuis een normaal gesprek te voeren. Na een dag zijn zijn stembanden roder dan die van Mick Jagger na een stevige tournee. Milieutechnisch gezien is het ook goed. Hij kan op de fiets naar zijn werk.

Het vrolijkst werd ik deze week van staatssecretaris Van Geel, die in alle Europese auto's zowel *cruise control* als een *boordcomputer* wil verplichten. In alle Europese auto's! Is de bewindsman ooit in Midden-Italië geweest? De boeren rijden daar allemaal in verfrommelde Fiat Uno's van negentien jaar oud en zitten op alles behalve een boordcomputer te wachten. Ze rijden op ezelspaden, die zo bochtig zijn dat je de cruise control precies tien seconden aan kan hebben. Hetzelfde geldt voor Frankrijk, Polen, Spanje en Portugal. De gemiddelde boordcomputer is zeven keer zo duur als zo'n Italiaans boerenroestblik. En cruise control in Nederland! Wanneer? In welke file? Onder de dertig kilometer per uur doet dat ding het niet. Behalve bij Marco Bakker dan.

Over files gesproken. Zestien jaar geleden kocht ik een bootje en daarmee tufte ik op een zwoele zomeravond wel eens door een paar Amsterdamse grachten. Je kon je bootje aanleggen waar je maar wilde. Plaats zat. Die tijd is voorbij. Tegenwoordig vaar je een uurtje of zes rond om een parkeerplek te vinden. Wat vooral opvalt is het tutgedrag van de gordelrijken. Ze hebben aan de grachtenmuren allerlei bordjes gehangen, waarop staat dat deze plek gereserveerd is voor hun bootje. Ik trek me daar uiteraard niks van aan. De gracht is van niemand. Dus ook van mij. Woensdag begon een man vanuit zijn raam te schreeuwen dat ik op *zijn* plek ging liggen. Zijn vriend was even weg en kwam zo weer terug. Hij schreeuwde zo hard dat ik hem waarschuwde.

'Pas op je stembanden. Het heerst. Bij Mick ging het ook mis!'

Ik was in een gemoedelijke bui, wilde geen ruzie en heb een uurtje langer rondgevaren tot ik in Diemen een lege steiger vond. Via het café liep ik naar huis. Beetje balorig belde ik 's nachts op de Keizersgracht bij de plekjesclaimers aan. Het raam ging open. Wat er was. Ik legde uit dat hij met zijn auto op mijn plek stond. Waar zijn Saab stond daar stond mijn Volvo al jaren. Het raam werd vloekend dichtgesmeten. Ik hoorde alleen nog *kutcabaretier.* Fluitend wandelde ik huiswaarts en dacht alleen maar: Thuis toch eens kijken wat Jort hiervan vindt.

Ramptoerisme

Als gediplomeerd ramptoerist vind ik het moeilijk kiezen dit weekend. Oldeberkoop is natuurlijk een optie. Beetje langzaam rijden langs de kaasboerderij van de familie Van der Gun, even stilstaan bij de boom waar het fietsje tegenaan stond en een korte blik op basisschool De Tjongerling. Het lijkt me een leuk gezinsuitje. Lang geleden dat het nieuws mij zo'n prettige rilling gaf als woensdagavond toen ik hoorde dat Lusanne was vrijgelaten. En de hoofdonderwijzer, die meteen in de brandweerauto kroop en door het dorp toeterde, heeft mijn hart gestolen. Mooi begin van een terecht dorpsfeestje. Tegelijk vroeg ik me af of er bij Fons S. in de straat ook een spontaan buurtfeest is losgebarsten toen hij thuiskwam. Of hangen er alleen slingers in het Eindhovense Anne Frankplantsoen?

Ook de humor werd in Friesland niet geschuwd. Donderdag zag ik op het Journaal hoe het ontvoerde meisje werd gefotografeerd in de tuin met haar ouders. Een journaliste stelde de briljante vraag: 'Ben je blij dat je weer thuis bent?' Jammer dat ze *ja* zei. Als ik haar was, had ik geantwoord dat ik het wel jammer vond en dat het met die meneer net een beetje gezellig begon te worden en dat Limburg met een blinddoek om best meevalt. Gelukkig vroeg dezelfde journaliste ook aan de ouders of ze blij waren. Het antwoord was weer ja. Gek hè?

Helaas was er niet meer tijd, anders had de trut ongetwijfeld kunnen vragen of de ouders ongerust waren geweest en hoe het met de nachtrust was gegaan.

Ook Wilnis komt in aanmerking voor een ontspannen rampbezoek, maar zo'n dijkverschuivinkje is toch te mager voor een leuke middag. Meer dan wat verzopen tuintjes met een enkele verdronken tuinkabouter krijg je niet te zien.

Dan ga ik liever naar de Wassenaarse villa van Vanessa, want daar valt echt wat te beleven. Meneer en mevrouw Breukhoven doen hun naam eer aan: ze hebben gebroken met twee van hun met geld smijtende adoptiekinderen. De vuile was werd deze week via hun lijfblad *De Telegraaf* door het glamourstel persoonlijk buiten gehangen. De zoon en dochter zouden voor 15.000 euro een bandopname van een ordinaire familieruzie hebben willen verkopen aan de roddelpers en Vanessa wilde ze voor zijn. Het was voor de kinderen niet moeilijk om de journalisten te benaderen want het roddelrapaille woont al jaren bij de Breukhoventjes in huis. Elk wissewasje van de vrouw des huizes wordt wekelijks breed uitgemeten in de bladen. Of het nou om een weggespoten rimpel, een nieuwe kleur haar of een bijgevulde liegtiet gaat, het moet in de krant. De kinderen waren nog geen twee minuten geadopteerd of ze moesten al opgedoft met moeder op de foto. En daarna nog een keer of duizend. Daar word je als kind een beetje vreemd van. Dat soort ouders ga je zeer gezond haten. Is het een idee om de kinderen naar huis terug te sturen en er een soort Big Brotherhuis van te maken? Dus de hele tent vol camera's en dan een jaar lang dag en nacht live op SBS. Lijkt me smullen.

Twijfel nog of ik dit weekend naar de Gooise Hockey Club in Bussum zal gaan. Waarom? Voor de briljante humor. Ze houden daar wedstrijden voor zowel de mini's als de maxi's. Op een voetbalclub krijgen de teampjes in zo'n geval vaak beroemde namen als Barcelona, Manchester United of Real Madrid. De Gooise hockeyers doen het anders. Die benoemen naar inkomen en status. De maxi's heten bankiers, directeuren en advocaten. En de mini's? Metselaars, timmermannen, loodgieters en schilders. Die heerlijke Gooise humor. De maxi's krijgen als beloning waarschijnlijk honderd Marsen, zestig Snickers en twee hectoliter Breezer, terwijl de mini's met z'n allen een flesje prik en een rol Mentos mogen delen. Volgende week spelen de verliezers waarschijnlijk onder de namen ww'ers, bijstandstrekkers en asielzoekers. Gooise hockeyhumor. Wat een ramp.

Lamaarzitte

Vos heet de officier van justitie die middels een brief aan een zekere Eddy de K. liet weten dat hij zijn gevangenisstraf niet uit hoefde te zitten. Verder heeft Vos ook de detentiekaart van de Wassenaarse crimineel afgetekend, zodat deze, naar eigen zeggen, niet meer hoeft te brommen. De vorige week gearresteerde vleesfraudeur, die tegenwoordig vooral sjachert in onroerend goed, spande deze week een kort geding aan. Hij wil niet zitten. Vos was met vakantie. Op wiens kosten hij ergens in de zon ligt te bakken werd niet verteld. Diezelfde Vos schijnt tegenwoordig officieren van justitie op te leiden. Dat wordt een leuke lichting.

Zelfs de enge advocaat Spong, van wie ik had gehoopt dat hij met zijn hondje principieel bloot op de zitting zou verschijnen, was verbaasd. Je mag hopen dat men vlug ontdekt hoe de met de LPF sympathiserende Eddy aan zijn vrijbrief komt. Die krijg je niet zomaar. Daar moet je wel wat voor doen. Corruptie? Omkoping? Misschien krijgt Eddy er nog een paar jaar bij.

Maar ik vrees dat het wel losloopt. Komend voorjaar

geeft hij gewoon weer een eurotonnen kostend asper-gefeestje en staan allerlei tweedehands societyfiguren met de gevangenisstrafontduiker het bubbelglas te heffen. Zelfs de Utrechtse commissaris van de koningin Boele Staal zuigt op deze omstreden bijeenkomst op het boterzachte Limburgse goud. Beetje Italiaans die mengeling van maffia en overheid. Waar ze over praten? Over een van de LPF-stokpaardjes: de keiharde aanpak van de criminaliteit. Kan iemand uitzoeken of Vos ook regelmatig op dit jaarlijkse feestje rondliep? Stel dat Eddy niet hoeft te zitten. Kan dan daarna iedere crimineel op basis van de brief van Vos zijn straf ontlopen? Wat voor Eddy geldt, geldt dan toch voor iedereen?

Afgelopen donderdag prikte ik mijn wekelijkse vorkje in het Amstel Hotel. Aan het tafeltje naast mij zat een Zweed met een paar vrienden de hele avond te huilen van het lachen. Gierend vertelde hij zijn verhaal:

'Ik zat thuis, werkloos, de telefoon gaat en een of andere Hollander belde met de vraag of ik werk zocht. Ik dacht dat ik gewoon door een oud studievriendje, een dronken jaarclubgenoot, in de maling werd genomen. Ik had een lollige bui, zelf ook een klein slokje op en dacht: ik doe humor terug. Dus ik zei: "Als basis wil ik anderhalf miljoen euro, maar dat moet je zien als bodem van de pizza."

Was goed! Daarop wilde ik nog een bonus voor datzelfde bedrag en dit douceurtje moest kunnen oplopen tot 3,75 miljoen euro. Was ook goed. Toen vroeg ik al schertsend 1 miljoen opties en 250.000 aandelen.

Waarde: 4,8 miljoen euro! Was geen punt. En ik zei dat ik bij eventueel ontslag twee jaarsalarissen mee wilde. Geen enkel probleem. "En benoem me maar in het Circustheater. Leuke naam!" Uitgelachen vroeg ik aan mijn studievriend hoe het thuis was. Bleek het die jaargenoot niet te zijn. Ik had een zekere Henny de Ruiter, president-commissaris van een noodlijdende Nederlandse kruidenier, aan de lijn. Zat in de shit. Onder zijn toezicht had een complete directie zitten tukken en ze waren in zowel Argentinië als de Verenigde Staten simpel genaaid. Klein miljardje. Dus ik vroeg nog wanneer hij af ging treden, logische stap, lijkt mij. Maar dat was een domme vraag. De ijdele kwast zit genageld aan het fluweel, wilde mij serieus hebben en die bedragen waren echt. De demente lieverd doet dezelfde commissarisklusjes bij Wolters Kluwer, Aegon, Heineken en Koninklijke Olie. Dus ik heb het baantje aanvaard.'

Gierend van de pret vroeg hij om de wijnkaart en bestelde een Margaux 1988, Latour 1986, Palmer 1989 en een Petrus 1982.

'Maar die flessen zijn achttienduizend euro per stuk,' fluisterden zijn vrienden.

'De kruidenier dokt man, staat ook in de voorwaarden, geen boterhammentrommel mee!' gierde de Zweed.

'Maar je moet toch nog rijden?'

'Nee, ik woon hier!'

'Maar wij moeten wel rijden!'

'Geen punt. Ten eerste is de pakkans klein en als je

pech hebt, moet je gewoon justitie in Amersfoort bellen.'
    'En dan?'
    'Vragen naar Vos. Die schrijft wel een briefje.'

Boetekleed

Soms ben ik boos. Boos op mezelf. Boos op mijn te snelle conclusies. En vooral boos op mijn te gemakkelijke vooroordelen. Natuurlijk had ik mijn pen al diep in de azijn gedoopt om de Raad van Bestuur van Vendex KBB eens even flink aan te pakken. Ik ben maar een domme columnist, weet niets van grootwinkelbedrijven, maar zag al jaren dat de warenhuizen van V&D derderangs steunkousenwinkels waren geworden. De onbedaarlijk tuttige Oost-Europese pakjes van de verkoopsters, de mottenballengeur op de piepende roltrappen, de onverkoopbare handel (al geef je het weg, niemand wil het!) en vooral de kleuren van de smakeloze schoonmoederkleding in de rekken waren niet te doen. Ik ging er nog wel eens heen voor een doosje punaises, maar maakte haast als ik door zo'n bladderend filiaal liep. Een mens kan op een dag maar een beperkte dosis oubolligheid hebben. Vooral de voorzitter van de Raad van Bestuur, een zekere Hamming, wilde ik toch echt uitleggen dat je met een simpel *Ik wist het niet* op zo'n positie niet wegkomt. En zeker niet tegen zo'n exorbitant en ordinair salaris plus bonussen plus opties plus onkostenvergoedingen en andere extra's. Ik had het stukje in mijn hoofd al klaar. Maar wat gebeurt er?

Ik loop gisteren in het swingende Bussum, het dorp waar ik ooit getogen ben, en wie zie ik staan dralen voor de plaatselijke Albert Heijn? Edje Hamming! Hij durfde net als velen van ons niet naar binnen. Je wilt daar voorlopig niet gezien worden. Ed zag er slecht uit. Gebogen, rode ogen en kilo's afgevallen. Ik ging naast hem staan en we lachten wat over de dementerende Ahold-commissaris Henny de Ruiter, op dit moment de risee van de Nederlandse financiële wereld, over zijn Zweedse vriendje Moberg, die zo op Ronnie Tober lijkt en over de duizenden doorgeknipte bonuskaarten, die massaal bij Ahold worden ingeleverd.

Tussen neus en lippen vroeg ik hem wanneer hij zou aftreden na het Vendex-debacle. Hij vroeg me om mee te komen en voor ik het wist zat ik bij hem achterop de fiets. Wij naar zijn huis. De verhuiswagens stonden al voor. Zeven trailers werden zwijgend gevuld met de meest smakeloze rijkemensenspullen. Met horten en stoten vertelde hij mij dat hij 's nachts was overvallen door een ondraaglijk schuldgevoel. Had hij eerst in de pers nog geroepen dat hij er niets aan kon doen, in het slapeloze donker was hij tot inkeer gekomen.

Derderangs nitwit, galmde het voortdurend door zijn lege hoofd. Daarna was hij voor zijn slaapkamer- raam gaan staan en denkend aan de 2300 ontslagen werknemers was hij overvallen door een snikkende huilbui. Door zijn onbehoorlijke bestuur komen 2300 mensen diep in de shit! Bij die mensen moeten huizen worden verkocht, caravans gaan in de aanbieding en vakanties zijn al afgezegd.

Ik trek mijn consequenties en ben solidair, dacht de acuut depressieve bestuursvoorzitter. Ik verkoop alles, inclusief al mijn antieke raceauto's (dan maar geen Quote Miljonairsrace!!) en stort de opbrengst in een speciaal fonds voor de slachtoffers van mijn jarenlange stekeblindheid. Ik zal in het *Tabaksblad*, het clubblad van de exclusieve vereniging van te dik betaalde bestuursvoorzitters & commissarissen, uit de doeken doen waarom ik ermee ophoud. Geen dubbeltje wil ik verder nog hebben. Ik schaam me diep. Jarenlang lopen graaien omdat ik zogenaamd zulk belangrijk werk deed en juist daarom treed ik nu af. Uit respect voor mijn slachtoffers in Geleen, Rotterdam, Heerenveen en andere getroffen steden.

Ik vertelde Ed dat ik het prettig vond dat ik eindelijk eens met een kapitalist met ballen sprak. Ik beloofde ook dat ik er in mijn wekelijkse stukje in deze krant melding van zou maken. Hij bedankte mij en liep naar een van de garages om een roestig golfsetje te redden.

Ik mijmerde nog een beetje over deze Gooise tragedie, zag mevrouw Hamming al bij andere mensen het koper poetsen en vroeg me af wat Ed gaat doen. Auto's wassen? Pizzakoerier? Half oktober wordt de inboedel geveild. Ik kan de familie niet anders dan sterkte wensen in hun flatje in Osdorp. En Anders Moberg wens ik veel woonplezier. Het is een heerlijk huis!

No music

Twintig minuten lang proberen we oogcontact met iemand van de bediening te krijgen. Zwaaien, lachen, knikken, zachtjes 'Mevrouw' roepen, kuchen, iets harder 'Mevrouw' roepen, zwaaien met twee handen, enzovoorts. Het is druk. Na twintig minuten zegt het meisje van de bediening dat ze zo komt. Ze is druk. Vijf minuten later begint de procedure opnieuw. Het is nog steeds druk. Zij ook. De mensen aan het tafeltje naast ons houden het voor gezien. Ik wuif mezelf een tafeltennispols en ga uiteindelijk op mijn hoofd op het tafeltje staan. Of er iets is? We willen iets eten en drinken. Of we niet zien hoe druk het is? Ja, dat zien we al twintig minuten. Ze brengt ons zo de kaart. Dat zo duurt een minuut of tien. Onderhand zie ik met een kalfslederen tong en een poederdroge saharakeel oceanen aan Spa blauw langskomen. We zoeken weer contact en na veel gedoe lukt het. De mevrouw komt en we bestellen. Er gebeurt weer lange tijd niks. Maar dat komt doordat het druk is. Uiteindelijk verschijnt er een wat nerveuze man met een groot blad vol drank. Hij brengt onze koffie. Die hebben we niet besteld. Dan neemt hij ze weer mee. Maar die twee blauwe spaatjes op dat blad hebben we wel besteld. Maar die zijn voor het tafeltje naast ons. Het wordt hersteld. Kan even duren. Of we gezien hebben dat het druk is? Klopt. Het is druk.

Uiteindelijk worden de spaatjes gebracht en voor de zekerheid bestellen we er meteen nog twee. Dat kan even duren want het is druk. Na tien minuten verschijnt de mevrouw bij wie we het eten besteld hebben. Klein probleem. Het gerecht dat mijn vriendin besteld heeft is op. Kan gebeuren. Het is druk. Ze bestelt iets anders. De mevrouw verdwijnt. We zitten nu bijna een uur. Het eten komt. De salades zijn prima. Maar ze zijn er ook wel dusdanig lang mee bezig geweest dat het bijna niet anders kan.

We spreken de week door. Mijn vriendin kent de buren van Cerfontaine. Ze hadden zich onlangs geërgerd aan het slecht drummende zoontje van Gerlach en heel keurig gevraagd of het wat zachter kon. Het antwoord van de familie Cerfontaine was simpel: Wat hun huis moest kosten.

Op dat moment verschijnt er een muzikant aan ons tafeltje. Ik gok een Albanees. Man met een accordeon. Hij vrolijkt het terras op. Ik ben gek op straatmuzikanten. Het grotestadsgevoel. Londen, Parijs, Rome en Amsterdam uiteraard. In één keer staat de mevrouw van het restaurant aan ons tafeltje. Zomaar uit zichzelf. We schrikken ons dood. Ze komt niet voor ons, maar voor de muzikant. Hij moet weg. Waar de mevrouw het lef vandaan haalt, vraag ik me af. De muzikant loopt op de openbare weg. Beetje schuchter wil hij verdwijnen.

Ik roep hem terug om hem in elk geval geld te geven en vraag aan de mevrouw waar ze de gore moed vandaan haalt om in een liberale stad als Mokum een straatmuzikant weg te sturen. Volgens haar vinden de mensen op het terras het niet prettig. Ik opper dat ze dan niet in de Amsterdamse binnenstad moeten komen, maar op een berghelling in het Schwarzwald moeten gaan zitten. Het restaurant ligt aan het Waterlooplein! Waar hebben we het over? Daarbij moet die gozer toch geld verdienen! Net als iedereen. Volgens de mevrouw speelt hij door de muziek van het restaurant heen. Ik ben totaal verbaasd. Het grotestadsgevoel is zo nauw verbonden met de sprokkelende straatmuzikant die terrasje voor terrasje wat centen bij elkaar scharrelt. En dan stuurt de mevrouw van de yuppentent hem weg. Ronduit schande. Ik probeer de man duidelijk te maken dat hij moet blijven, maar hij loopt door. Wat een getrut. Wat Amsterdam onwaardig! Het is jammer dat de Albanezen en de meeste andere straatmuzikanten de *NRC* niet lezen, anders zou ik ze oproepen om massaal naar het restaurant te komen en daar de hele dag te spelen. Ten eerste vinden de gasten het heerlijk en wat vooral belangrijk is: het veraangenaamt het tergende wachten. Waar ze moeten zijn? Bij Dantzig.

Zaanse Schrans

Bij ons thuis is het hommeles. Geen huwelijksperike-
len, maar gedoe tussen ons en onze werkster mevrouw
Verwey-Jonker. Zij maakt ons huis al jaren schoon. We
zijn eerlijk gezegd niet echt tevreden. Maar ik mag haar
werk niet controleren. Dat wil ze niet. Dat doet ze zelf
en voor die controlebeurt wil ze ook nog eens betaald
worden. Ze is overigens zelf erg content. Ze heeft haar
beste vriendin Karin Adelmund meegenomen. En die
vindt ook dat het goed schoon is. Ik heb geprobeerd uit
te leggen dat Karin als vriendin niet objectief is, maar
nu betichten de dames mij ervan dat ik hun integriteit
in twijfel trek. Mevrouw Verwey-Jonker vindt dat ze
goed opruimt. Ik vind zelfs dat ze te goed opruimt. Als
columnist bewaar ik graag kranten, zodat ik nog eens
iets kan nakijken. Bijvoorbeeld een foto van allerlei hele trieste Concertgebouwgangers die vorig weekend
Last Night of the Proms nadeden. Grote mensen met
beschilderde wangen, een Brits vlaggetje in de hand en
een plastic bolhoedje op hun hoofd. Wat een droefheid.
Blijf toch gewoon lekker met je schaamteloze poten
van mooie Engelse tradities af, dacht ik toen ik deze

treurigheid zag. Ze gaan in Engeland toch ook niet schaatsen!

Zo zocht ik ook nog een oude krant, waarin de vrolijke Zweed Anders Moberg verklaart dat hij zich volledig op Ahold zal storten en een aantal commissariaten gaat afstoten! Hij had namelijk meer banen dan Schiphol. Nu riep hij dat natuurlijk in de tijd dat hij nog fatsoenlijk betaald werd door de grootgrutter. Nu hij onder druk van de klanten heeft moeten inleveren, heeft hij wel weer recht op een krantenwijk erbij. De Mobergjes moeten ook leven. Hij wordt commissaris bij een andere Zweed. Goed dat hij dat doet. Tijd zat. Zeker nu Ahold een beetje gaat bezuinigen op de feestjes. Want het Cees van der Hoeventijdperk is nu echt voorbij. Wel leuk om te lezen dat de directie proestend van de oesters, kaviaar en de foie gras op de dansvloer stond te swingen, terwijl ze in de Verenigde Staten en Argentinië voor miljarden genaaid werden. Zal hoofdcommissaris Henny de Ruiter ook meegefeest hebben op de Zaanse Schrans? Ik vrees van wel. Ik las namelijk in een weekblad dat hij via zijn advocaat bemoeienis heeft gehad met een journalistiek portret over hem in een of ander financieel vakblaadje. In de oorspronkelijke tekst kwam het erop neer dat hij zuipt als een tempelier en rookt als het Ruhrgebied, maar die passage is door tussenkomst van de jurist afgezwakt. Ik zit simpel in elkaar, maar nu weet ik helemaal zeker dat Henny een ongebreidelde zatlap is. Ik dacht al tijden dat het iets met drank moest zijn. Waar een normaal mens een bedrag met drie nullen invult, schrijft Henny er probleemloos zes. Tijdens de onderhandelingen met de Ikea-Zweed was hij niet lam, maar had hij volgens mij een compleet delirium. En door de rookwolken kon hij de contracten niet meer lezen. Welke contracten? Want ik heb nu begrepen dat ze bij de kruidenier regelmatig met twee contracten werken. Een echt papiertje met de werkelijke voorwaarden en cijfers en een voor de accountant en de aandeelhouders. Het riekt regelrecht naar een criminele organisatie. In allerlei societyrubrieken lees ik dat die Cees van der Hoeven nog steeds op proletenparty's rond marcheert. Hij is wel zo verstandig om te zwijgen, maar gelukkig begint zijn blonde vrouw na twee witte wijn steeds heel verongelijkt te kakelen over haar Ceesje. Als ik Van der Hoeven was, ging ik dit weekend nog naar de kliniek van Vanessa en liet ik me onherkenbaar overspuiten. Dick Advocaat-toupetje erbij en klaar is Cees.

Ik zou in zijn geval mevrouw Verwey-Jonker als werkster nemen. Zij ruimt zeer goed op. Alle bewijzen zijn dan voor de huiszoeking vernietigd. Of Cees kans loopt op een gevangenisstraf wegens valsheid in geschrifte? Ik denk het wel. Hij staat op al die party's niet voor niets steeds met Eddy de K. te babbelen. Hij heeft de vrijbrief inmiddels vast al in zijn zak. Wat een land!

Gangstermeisje

Trix had gehoord dat ze haar laatste stukje macht had moeten inleveren en dat haar kabinet voor elk routine-wissewasje voortaan met Jan Peter moet bellen. Ze zat stuurs voor zich uit te kijken en vond het een mooi moment om de hele monarchie van binnenuit op te blazen. Gewoon een briefje naar JP met de mededeling dat ze alles inleverde. De kroon, de mantel, de koets, de paleizen en alle daaraan verbonden rechten. Ik stop met die belachelijke poespas, wilde ze aan de minister-president schrijven. Ze kon dat domme zwaaivolk op de Gouden-Koetsroute al jaren niet meer zien. Bij haar thuis werd het al jaren de *Gouden-Kotsroute* genoemd. En van al die sneue, onderdanige burgemeestertjes met hun tolprikkende, koekhappende en volksdansende onderdanen op 30 april had ze ook haar buik vol. Stoppen met die onzin. Ze zat de brief in haar hoofd al te componeren.

Ze wilde het kabinet ook vragen of ze tot haar dood in kasteel Drakensteijn mocht wonen en of er voor haar zoontjes financieel iets geregeld kon worden? Ze dacht aan de WAO of zoiets.

Na het gedoe met die oude Zorreguieta met zijn bloederige handjes was het voor haar eigenlijk al klaar met de monarchie en die Edwin de Roy van Zuydewijn had de boel helemaal voor goed vergald. En nu ze las dat haar vader ook nog met die glibberige artiestenvlo Rik Felderhof door de jungle had gesjouwd, was de maat overvol. Opheffen die achterhaalde handel. En de stervende paus hoeft ook niet opgevolgd te worden, dacht ze er in één adem bij. Het is mooi geweest met dat middeleeuwse gedoe. Het is 2003!

Op het moment dat dit allemaal door haar hoofd schoot, werd er geklopt. Mabel. De verloofde van haar zoon had thee gezet en kwam haar aanstaande schoonmoeder even moreel steunen. Ze had de laatste dagen gezien dat de meestal zo krachtige Trix aan het eind van haar eigen sprookje was.

'Ik haat die omhooggevallen claimbaron!' viel Trix voor haar doen behoorlijk uit de toon.

'Maar die Edwin slaat toch nergens op,' probeerde Mabel de zaak wat af te zwakken.

'Sloeg hij maar nergens op,' riep de boze koningin. 'Hij sloeg op mijn nichtje. Op een Belgische Eerste Hulp kunnen ze je daar alles over vertellen. Het is een soort Regilio T. Kon ik maar een journalist vinden die dit durfde te laten lekken! En dan niet een roddelgansje van de *Privé* of de *Story*, maar een veelgelezen columnist van een kwaliteitskrant. Die kan gewoon zeggen dat het een vette roddel is die door de Amsterdamse kroegen gonst, terwijl het gewoon waar is.'

'Je wilt van hem af?' fluisterde Mabel.

'Eigenlijk wel!' mokte Trix. 'Ik ben helemaal klaar met die charlatan. Door hem kan ik niemand meer eigenhandig screenen. Officieel dan. Die bange Balkenende heeft me inmiddels al laten weten dat het louter politiek is en als ik van iemand zijn antecedenten wil laten natrekken dat ik dan lekker mijn gang kan gaan. Hij tekent na afloop wel een briefje. Heerlijk zo'n gezagsgetrouwe bibbergereformeerde als premier!'

'Maar je wilt dus van Edwin af?' herhaalde Mabel. 'Ik kan dat regelen! Ik heb nog wel wat nummers van oude kennissen in mijn mobieltje! Eén telefoontje en het is geregeld. Je zegt het maar.'

Nu werd Trix toch even stil en ze keek haar aanstaande schoondochter indringend aan.

Toen vroeg ze: 'Dit meen je?'

De sarcastische glimlach van de toekomstige prinses sprak boekdelen. Trix schrok. In één keer zag ze het: het was waar! Ze zat oog in oog met een gangstermeisje. Hoe had ze hier zo in kunnen tuinen? Ze had met open armen de maffia in huis gehaald.

'Lieverd,' sprak Trix resoluut, 'zullen we 24 april maar niet afblazen en netjes uit elkaar gaan? Ik wil niet. Ik ben relmoe! Laten we voor Friso een leuke Laurentien zoeken. Leiden grossiert toch in die types?'

Mabel fronste haar wenkbrauwen en zei kort en bondig: 'Zou ik niet doen! Dan kan het met uw zoon wel eens heel vervelend aflopen! En niet alleen met hem. Nog thee?'

Aimabel

Mabeltje had het afgelopen week lekker druk. Eerst moest ze de zeer betrouwbare Etiënne U. bellen met de vraag of hij spontaan wilde verklaren dat er nooit wat gebeurd was, toen Ottolien met de vraag of zij voor stand-in op de loveboat wilde spelen, daarna gentleman Geurt R. en toen moest ze het soepzootje hooggeplaatste vrienden bewegen een ingezonden brief naar *de Volkskrant* te schrijven. Dit laatste resulteerde in een zeer armetierig episteltje. Wat het briefje vooral zo droevig maakte waren de beschrijvingen van de diverse functies van haar kennissen. Het prat gaan op je functie is een van de kenmerkende eigenschappen van de ultieme nitwit. Het past overigens helemaal in het beeld dat we van ons Gooise starfuckertje hebben. Waarom geen brief van haar werkster, die verklaart dat Mabel haar goed betaalt, regelmatig koffie met haar drinkt en haar als volledig gelijke behandelt? Dat maakt toch meer indruk dan een paar van die flutregels over mensenrechten van dit stelletje carrièresukkels?

Ze zit in een kleverig web. De beste vriend van Cor van Hout onthulde via de uiterst frisse Da Silva een jeugdwip en vervolgens moest ze diep de onderwereld in om te proberen de zaak te weerleggen. Zou die Da Silva de vriendinnen Ottolien en Mabel echt niet verward hebben? Kan toch best. Stap een willekeurig hockeyclubhuis binnen en je ziet hoe al die kakmokkeltjes precies op elkaar lijken. Ottolien & Mabel! Waarom martelen sommige rijke ouders hun kinderen met zulke rare namen?

De *Crimineeltje Jacoba* is nou niet bepaald haar reddingsboot. Zullen de zeilers van de Koninklijke Watersport Vereniging Loosdrecht, zoals gesuggereerd wordt, hun evenementjes betaald hebben met bloederig maffiageld van *De Dominee*? Lijkt me onmogelijk. Het zijn zulke keurige mensen! Ik ken een hele goede zeiler, die bij *De Vereniging*, zoals de KWVL in het Gooi genoemd wordt, werd geweigerd omdat zijn vader slechts een simpele snackbar had. Hij kwam niet door de ballotage. Dat soort chic gaat toch niet de plas op met een schietgrage maffioso?

Donderdagmiddag wilde Mabeltje advies vragen aan de oude Bernhard, die tijdens zijn turbulente leven zelf ook regelmatig in louche kringen bivakkeerde. Hij belde nog wel eens naar een vliegtuigfabriek om een paar tonnetjes smeergeld. Maar Benno had geen tijd. Hij was bezig zijn koffers te pakken om samen met de LPF'er Eerdmans de straf van de Amsterdamse Dirk van den Broek-medewerkers uit te gaan zitten. Ze willen graag in een Tilburgse duocel. Op de website van Dirk van den Broek staat: Het wordt steeds leuker bij Dirk.

Ondertussen maakte Mabel zich ook nog druk om een ex-liefje, die ervan verdacht wordt dat hij 2,5 miljoen dollar heeft verduisterd. Peanuts in die kringen, waar het geld met Mobergen tegelijk binnenkomt. In dit geval lobbyt ze heel discreet uitsluitend mondeling. Snelle leerling!

Maar waar hebben we het over? Een moderne vrouw in 2003, die veel van mensenrechten schijnt te weten, moet zich in allerlei onmogelijke bochten liegen omdat de volslagen achterhaalde monarchie in stand moet worden gehouden. Wat een middeleeuws gelul. Moeten die Oranjes zo langzamerhand niet gewoon opzouten? Of moeten we ze juist beter gebruiken en er nog meer amusement uithalen? We betalen ze genoeg! We kunnen aan de op dit moment niet al te succesvolle John de Mol vragen of hij hun paleizen vol wil hangen met camera's, zodat we ze dan net zo kunnen volgen als de andere tweederangssterren. Ze doen niet onder voor Patty Brard. Het is de redding van Endemol, dat in Hilversum al *Eindemol* genoemd wordt.

Wat we dan zien? Hoe prinses Laurentien hysterisch nagelbijtend hoopt dat Friso's huwelijk wordt afgeblazen, zodat zij de reservekoningin van ons land wordt. En dan zien we ook hoe de inmiddels ondergesneeuwde Edwin & Margarita wanhopig aanbellen bij de Breukhoventjes met de vraag: 'Willen jullie ons adopteren?'

Krols

Als je de paus zo gebogen ziet ploeteren is het net of zijn Duracell-batterijen bijna leeg zijn. Hij is deze week vaak in beeld omdat hij vijfentwintig jaar bij de zaak is en dat wordt met de hele firma stevig gevierd. Ik vind het zo lief dat er in Vaticaanstad regelmatig honderden mannen die iedere seksuele prikkel principieel moeten onderdrukken met elkaar gaan zitten kletsmajoren over seks voor het huwelijk, de pil, condoomgebruik en homoseks. Dat heeft iets ranzigs. Van die prostaatpratende oude mannen die 's avonds massaal de hand aan zichzelf of elkaar slaan, die dan onderling gaan zitten smoezen. Wim Kan zei al: 'Als je de sport niet beoefent, moet je je ook niet met de spelregels bemoeien.'

Mogen die Amerikaanse kardinalen ook meepraten? Die worden bij de poort waarschijnlijk wel eerst gefouilleerd om te kijken of er geen illegale misdienaars onder hun rok verstopt zitten. En de liberale Nederlanders? Bij ons is er toch niet één priester die zich nog aan het celibaat houdt? Henk Krol van de *Gay Krant*, de *Margriet* voor de politiek correcte provincienicht, noemt in zijn blaadje de deken van Weert bij naam en splitst de man allerlei homoseksuele handelingen in de maag. In hetzelfde nummer wordt een hoge ambtenaar van het ministerie van Justitie beschuldigd van allerlei onfrisse praktijken met minderjarige jongetjes. Ook hij zou in het Eindhovense Anne Frankplantsoen aan heel wat minderjarige achterhuisjes geknuffeld hebben. Er wordt onder andere gesuggereerd dat hij het met de mannetjes op de achterbank van de ruime dienstauto deed. Ik zie de chauffeur via de achteruitkijkspiegel aan zijn baas melden: 'Trekt u af, dan trek ik op!'

Inmiddels schijnt de aangifte die tegen de man in kwestie is gedaan, een valse nichtenaangifte te zijn en de politie heeft het onderzoek tegen de desbetreffende ambtenaar voorlopig gestaakt. De jongen die aangifte deed, werd waarschijnlijk betaald door SBS, de *Gay Krant* of het doorgaans zeer betrouwbare heteromannenblad *Panorama*. Ik weet niet wie ik moet geloven. Minister Donner begon zo vlug om zich heen te slaan dat ik onmiddellijk dacht: hier is meer aan de hand. Daarbij ben ik een beetje wantrouwig richting Justitie. Waarom horen we maar niks over de vrijbrief van Eddy de K.? Dat onderzoekje moet toch zo langzamerhand afgerond zijn?

Seks bepaalt het leven en dat houdt geen paus, kardinaal of bisschop tegen. Ons Mabeltje ging er uiteindelijk ook aan ten onder. In haar geval was het een gezonde studentenwip met een erg foute meneer.

'Ze had het eerder moeten toegeven,' zeggen de meeste mensen. Maar volgens mij gaf ze het indirect toe. Ze lag aan boord vooronder! Duidelijker kun je het niet zeggen.

Naar aanleiding van Mabelgate werd mij afgelopen week vaak de vraag gesteld of ik alles wat ik voor mijn huwelijk geflikt heb aan mijn vrouw heb opgebiecht. Het antwoord is 'nee'. Wat ik tijdens mijn huwelijk allemaal uitspook vertel ik niet eens, laat staan de heftige avonturen tijdens mijn woeste vrijgezellenperiode.

Die Bruinsma lacht zich ondertussen helemaal het schompes. Door zijn toedoen wankelt de monarchie behoorlijk. Zelfs de trouwste oranjeklanten krabben zich hardnekkig achter het oor. Het is inmiddels een behoorlijk zootje: opa met zijn winkeldievenwraak, Alex met zijn oorlogsmisdadigersdochter, Margarita met haar claimbaron met hele losse handjes en nu Friso met zijn gangstermeisje.

Trix liep deze week diep depressief over haar Italiaanse landgoed. Ze weet niet hoe het verder moet. De Nederlandse ambassadeur in Zuid-Afrika heeft ze ooit nog over laten plaatsen omdat hij met zijn vriendin flikflooide en nu moet zij aan haar kerstdiner een schoondochter dulden die jaren met een getrouwde Bosniër lag te hutseflutsen. Dat is ingewikkeld. Maar ondertussen is ze oud en wijs genoeg om te weten hoe de hormonen de mens kunnen opjagen. Opa Hendrik was een bekende schuinsmarcheerder, haar vader Bernhard wist er alles van en nu een schoondochter die niet voor één man te vangen is. Ze beseft dat ze moeder is van een doodgewoon Hollands gezin.

Deeltijdvorst

Het Mabeldebat tussen de angsthaasjes was voor de gewone televisiekijker verpletterend. Vooral het moment waarop Maxime Verhagen naar voren kwam om te melden dat er een duidelijk verschil was tussen Maxime als de fractievoorzitter van het CDA en Maxime als voorzitter van de Commissie Stiekem. Kinderachtiger kan een toneelstukje toch niet meer worden. En het zielige is dat de spelers in hun eigen rollen geloven. Het was een regelrechte aanfluiting.

De koningin heeft heel tevreden zitten kijken. Ze zag de linkse en rechtse stofkruipertjes op eieren lopen. De heilige monarchie werd aan alle kanten weer gespaard middels voorgekookte vragen en antwoorden. Lontloos debatteren. Je hoorde niet eens een sisser.

Toen die Mabel de eerste keer in beeld kwam, riepen al mijn kennissen binnen een minuut: 'Die heeft het een tijdje met Bruinsma gedaan!' Dat betekent hetzelfde als: Dat is dat wijf van die Lange, zoals Chileense Charly het plastisch uitdrukte. Trix en Friso konden dat uiteraard niet weten. Die zijn totaal wereldvreemd en hebben nog nooit ongestoord een bruine kroeg van binnen gezien. Maar wij gewone mensen wisten het onmiddellijk. En de AIVD wist het natuurlijk ook. Net als Remkes en Balkenende. Maar de heren waren te schijterig om een werkelijk onderzoek in te stellen. Doodsbang voor het heilige hof. Volgens Bos heeft Balkenende de oranje poppenkast beschadigd. Daar moet hij vooral mee doorgaan. Waarom? Omdat ze weg mogen. We hebben deze Duitse familie zo langzamerhand toch wel gehad?

Laat ik voorop stellen dat Trix al jaren mijn sympathie heeft. Gewoon als mens en moeder. Ze lijkt me zonder hoed een tof mens. Haar aardige oudste zoon Alexander heb ik wel eens gesproken en vind ik een leuke gozer, met wie je prima een biertje kan drinken. Hij had geloof ik ook geen hekel aan mij. En juist omdat ik ze zo aardig vind, stel ik voor om ze vrij te laten. Laten we de Oranjes bevrijden uit hun glazen kooi. Geef die mensen hun vrijheid. Of ben je dan een terrorist? Dan kan Máxima binnenkort haar kind gewoon naar de crèche brengen en met de andere moeders een beetje babbelen over de voordelen van de prijzenoorlog tussen de grootgrutters. Heerlijk toch? En dan kan die Mabel gewoon lacherig over haar studententijd babbelen en de sterke zeilverhalen nog een beetje aandikken. En Trix gunnen we een schitterende oude dag in Italië of waar dan ook.

Wie haar op moet volgen? Ik stel een deeltijdvorst voor. Iemand die we voor een periode van drie jaar kiezen. Hij of zij hoeft alleen maar te wuiven, bejaarde bolletjes te aaien en linten door te knippen. Geen enkele regeringsbevoegdheid. Aan wie ik denk? Frans Bauer lijkt me een heel geschikte figuur. Ik stel voor dat hij af en toe op het bordes een riedeltje komt zingen over rozengeur en maneschijn. Ik ben bang dat het drukker wordt dan bij Trix.

Maar Frans moet nog wel even wachten. Eerst komt natuurlijk Erica, die deze week glorieus de vloer aanveegde met alle sportbobo's. Zelden iemand zo zuur zien kijken als Ruudje Vreeman. Zijn voorzitterschap was helemaal geregeld, dachten Blankert en consorten. Het stemmen was slechts een formaliteit. Hij hoefde ook geen campagne te voeren. Daar had hij ook geen tijd voor, begreep ik later! (Had hij die voor dat voorzitterschap wel gehad?) Maar de heren hadden zich vergist in de knikkerbond, de waterscooteraars en de sjoelbakkers. En beroepsbobo Ruudje werd weggevaagd. Op de een of andere manier deed dat iedereen goed. Of Erica beter is dan Ruud weet ik niet, maar het was een overwinning van het gevoel. Het droevigste moment was dat Vreeman zijn studentenelftalfoto's uit zijn hockeytijd liet zien. Keeper van Kraaien 3, Sarto 5 en de veteranen van Groen-Geel. Terecht afgewezen.

Erica moet dus naar Huis ten Bosch. Wonen en een kwartier per dag zwaaien. Ik voorspel u files naar Den Haag, dranghekken in de binnenstad en een Haagse middenstand die bloeit als nooit tevoren. Na Erica komt Frans Bauer. En daarna? Dan wil ik het wel een paar jaar doen.

Hockeybont

Het gaat niet goed in kakkersland. Eerst zagen de hockeybondbonzen hoe de op hun voorspraak voorgedragen Zaanse schnabbelburgemeester Vreeman bij het NOC*NSF werd weggevaagd door oermoeder Erica. En daarna moesten ze toezien hoe zes muitende internationals de zwaar gewonde bondscoach tot ontslag dwongen. Dit laatste gebeurde onder leiding van de Nederlands-elftalaanvoerder Delmee, een onsamenhangende brabbelbrabo. Vergeleken met hem is Berry van Aerle zeer goed te volgen. Moest denken aan de oude mop: Het verschil tussen Jeroen Delmee en een trolleybus? Als de trolleybus de draad kwijt is dan stopt hij.

Waarschijnlijk hadden de zes wel gelijk. Bellaart had voor het laatst gecoacht in de tijd dat de wedstrijden nog op geurende plaggen werden gespeeld en begonnen met een vrolijke bully. Maar de manier waarop Joost werd geloosd, was ronduit onbeschoft. Zo ga je niet met elkaar om. Waarom is het die Bellaart niet recht in zijn gezicht gezegd? Of waarom is de brief niet zonder tussenkomst van het journaille bij de voorzitter bezorgd? En waarom komt de kritiek pas na drie jaar?

Je hebt toch na een dag of wat door of iemand zijn vak verstaat? Die hockeyers staan de hele dag aan het bier, dan heb je toch wel een glas de tijd om elkaar even flink de waarheid te vertellen?

Of het me verbaasde? Nee. Want alle sporters zijn autistisch en kunnen geen normaal gesprek onder vier oren met elkaar voeren. Ze praten altijd met elkaar via de pers. Niet alleen hockeyers. Louis van Gaal, die voor mijn nieuwe theatershow alle liedjes heeft geschreven, moet in *De Telegraaf* lezen wat Cruijff van hem vindt. De meeste voetballers zien in de *Voetbal International* waarom de trainer hen op de bank houdt. In *NRC Handelsblad* stond onlangs een interview met de voormalige arts van de hockeyers. Deze kotste ook nog even een kilo gal over de geplaagde Bellaart. Dus jaren in dezelfde hotels en spelersbussen, alle kans om elkaar voor rotte vis uit te maken, maar dan pas publiekelijk toeslaan als je uit elkaar bent. Fijne dokter. Begreep dat hij een gepensioneerde gynaecoloog is. Zijn die hockeyers van die watjes dat ze zo'n voormalige kuttenkijker als dokter moesten hebben? Heb inmiddels begrepen dat hij wordt opgevolgd door een kinderarts. Gezien het gedrag van de spelers lijkt me dat volkomen terecht.

Wie de nieuwe bondscoach moet worden? Geen idee. Er wordt een Australiër gesuggereerd, maar dat redt die Delmee niet. Die komt rond Utrecht al in taalproblemen. En als Delmee afhaakt, stopt sponsor Rabobank vast en zeker ook. Dat is de voormalige Boerenleenbank, dus die heeft nogal wat mestaanhang in Brabant.

Het is sowieso paniek in hockey- en golfkringen. Volgende week komt de nieuwe *Quote* met de *Rijke Stinkerds Top 500* uit. Volgens velen is dit de *ontvoerders advieslijst* bij uitstek. Na de kidnapping van het zoontje van de baksteenrijke Nijmeegse familie kan ik me dat wel voorstellen. Maar zonder die lijst was het waarschijnlijk ook wel gebeurd. De haat richting Jort Kelder is groot. Maar de gefortuneerden hebben nog geluk gehad. Laatst las ik dat Jort er eigenlijk een van een drieling is. Zijn twee broertjes zijn vlak na de geboorte overleden. Nu spookt dat beeld voortdurend door mijn hoofd: drie Jort Kelders hadden we dan gehad. Drie! Ik probeer een voorstelling te maken van dat beeld en dat valt niet mee!

Het oude geld hoor je eigenlijk nooit over de centen. Het is vooral het nieuwe, zwarte geld dat klaagt. Die weten goed wat jatten is en zijn doodsbang dat ze zelf bestolen zullen worden. Het leukste is de groep die belt met de proletengids dat het een regelrechte schande is dat ze zijn vergeten. Hoe leg je deze schande uit in Blaricum en Wassenaar?

Zullen alleen de ontvoerders en de nieuwe rijken de lijst goed doornemen? Ik vrees dat er nog iemand is die hem tot op de lettergreep uitpluist. Wie? Ze is jong en zeer blond en bijna prinses.

Nordin

De ontvoerde Goudse krantenjongen Nordin Ahmari was niet ontvoerd. Hij had het zelf verzonnen. Bij de ontvoering dacht ik al niet aan losgeld. Miljonairszoontjes hebben namelijk geen krantenwijk. Die slapen uit en kijken 's ochtends op de beurspagina hoeveel rijker ze de afgelopen vierentwintig uur zijn geworden. Die krant is voor dag en dauw bezorgd door een Nordin. Daarna geeuwen ze zich door de *Quote* om te kijken hoe het met het saldo van de buren is.

Hoeveel Nordins torsen dagelijks de kilo's zinloos nieuws door ons land? Wat voor nieuws? Dat er sinds Mabelgate niet een Mabel meer geboren is. Voor die tijd kregen zes kinderen per maand deze tutnaam. Ik hoop dat Máxima en Alex zoveel gevoel humor hebben dat ze hun dochter keihard Mabel noemen. Marie Antoinette Beatrix Eline Louise mag ook. Dat kan je mooi afkorten. Hoe ze een jongen moeten noemen? Gewoon Charly.

Wat de krant niet haalt, maar wel door de stad gonst, is de roddel dat het hartstikke uit is tussen Friso en zijn verloofde. Dat hij zijn Smitje gewist heeft. Het niet meer verloofde paar deelt dat echter pas mee als de baby van Máxima en Alex wordt geboren. Dan zijn alle ogen gericht op de koninklijke pamper en wordt de scheiding niet meer dan een futiel berichtje op pagina vijf. Ik zou als journalist dit soort geruchten nooit opschrijven. Dat laat ik liever aan Henk Krol van de *Gay Krant* over. Over Henk hoorde ik dat hij al jaren op eerste kerstdag het konijn, voor het in de pan gaat, seksueel misbruikt. Even een konijntje klaarmaken, heet dat in huize-Krol. Zijn hitsige echtgenoot duwt op dat moment zijn roede in de eitunnel van een tegenstribbelende volwassen vrouwtjeskalkoen. Onderhand wensen de heren elkaar Zalig Kerstfeest. Hoe ik dit weet? Van anonieme bronnen. De hoofdredacteur van *Panorama* schijnt al jaren na afloop van het diner bij de Krolletjes op tafel te springen om de truc met de kerstballen te doen. Hoe die truc gaat? Hij duwt negentien middelgrote kerstballen in zijn hol en tovert ze zonder te breken terug. Tot slot komt als verrassing en tot grote hilariteit van de overige gasten de piek uit zijn bilspleet. Die had hij er thuis al ingestopt. Ik vind het ook een raar verhaal, maar anonieme bronnen hebben mij verteld dat het allemaal waar is. Anders schrijf ik dit soort dingen toch niet op?

En de duizenden Nordins moeten deze letters rondbrengen. Hoeveel bomen kost die onzin? Hoeveel bos en inkt wordt er gespendeerd aan de Britse kroonprins Charles, die geruchten die nog niemand kent op voorhand bespottelijk noemt? Er wordt iets beweerd, maar wat er beweerd wordt weet niemand. De prins ontkent.

Het schijnt om een seksueel akkefietje van de kreun-prins te gaan. En Nordin moet dit soort cryptogramberichten achterop zijn fiets nemen. Net als de recensie over de bejaarde Blondie, die furore maakt in het steunkousenpopcircuit en het bericht dat de Tweede Kamer zich serieus gaat buigen over de vraag of er op kerstmarkten langer dan twaalf dagen glühwein geschonken kan worden. Tijdens het debatje worden er in de Rotterdamse haven zeven containers coke gelost en doet de Ahold-directie een laatste poging om betrouwbaar over te komen. Ze heeft alleen vijf miljard nodig. Dezelfde Nordins mogen ook het bericht verspreiden dat de Beckhammetjes in een Madrileens hotel in drie maanden voor 635.000 euro gegeten en geslapen hebben. Als je voorzichtig fluistert dat je met dat bedrag half Eritrea een jaar in leven kan houden, ben je een geitenwollensokkenmoralist. Nee, Beckham is een man die door volle stadions toegejuicht moet worden. Het domme klootjesvolk scandeert zijn naam, roemt zijn kapper en koopt massaal zijn witte shirt met het heilige rugnummer 23.

Nordin leest deze dagelijkse onzin en denkt terecht: daar wil ik ook wel eens tussen staan. Hoe doe je dat? Gewoon fiets achterlaten, ontvoering verzinnen en je in Roosendaal bij de politie melden. En als ze er later achterkomen dat het niet waar is, kom je er nog een keer in. Of ik hem snap? Volkomen. Hij krijgt van mij de meer dan dik verdiende Jules Croiset-trofee.

Majesteitsstennis

Gisterochtend meldde *de Volkskrant* dat de Oranjes verbolgen zijn over het optreden van de verzuurde ouderlingen Balkenende en Donner en ik kan u bevestigen dat dit bericht klopt. Trix is laaiend. Afgelopen woensdagochtend belde ze mij in alle staten. We moesten praten. Of ik even naar Huis ten Bosch wilde komen. Maar zo werkt dat bij mij niet: 'Jij wilt praten, dus kom maar lekker naar mij toe.'

Anderhalf uur later reed ze samen met Alex de gracht op. We deden meteen zaken.

'Die humorloze gereformeerde,' brieste de vorstin.

'Dat is een pleonasme,' onderbrak ik haar.

'Een wat?' vroeg Alex.

'Dat snap je toch niet,' zei zijn moeder.

Ze ging verder: 'Dat kleine christelijke ettertje, waar haalt hij het recht vandaan om de indruk te wekken dat ik me stoor aan persiflages en satire? Dat pientere korfbalhoofd met zijn tuttige toontje. Hij vergeleek mij gistermiddag met het laffe, smerige, alcoholarme Buckler! Waar haalt die dweil de gore moed vandaan?'

'En dan die harkerige Donner met zijn stijve prietpraatjes', vulde haar zoon haar aan. 'Ik wil best verdedigd worden, maar niet door deze wereldvreemde Knabbel & Babbel.'

Trix sloeg met haar vuist op tafel en sprak: 'Ik wil tegenstand. Jaarlijks verdienen we schofterig veel met onze poppenkastbaantjes en we realiseren ons heel goed dat dat inclusief beledigingen is. Zoals we ook weten dat juist wij het land een beetje levend moeten houden. Toen Alex puberaal ging flikflooien met die Pauline van vliegtuigstoelenboer Schröder, begon ik op voorhand al te geeuwen. Later kwam hij met de dochter van die naar België gevluchte tandarts. Ook zo'n comarelatie. Vuurwerk wilde ik, discussie, relletjes! Ik ben een kind van de jaren zestig! En toen heb ik de dochter van die Argentijnse oorlogsmisdadiger op hem afgestuurd. Daarmee heb ik het land toch een aantal jaren lekker beziggehouden!'

'Aan mijn broer Constantijn hebben we hard gewerkt, maar dat is mislukt. We wilden voor hem een Patty Brard of het volgespoten, licht depressieve flapuitje Georgina Verbaan, maar de saaie Laurentien was in dit geval het hoogst haalbare. Dus toen hebben we alles ingezet op Friso. We zochten een blond, licht crimineel, chronisch liegend en vooral zeer Goois hockeytutje. Is redelijk gelukt, dachten we. Hij was alleen bang dat hij er ook mee moest trouwen, maar we hebben hem uitgelegd dat het zo ver niet zou komen. U weet dat hij ho…'

'Dat doet er nu even niet toe,' snauwde Trix. 'Het gaat er om dat wij onze positie kennen en dat het ons werk is om wat leven in de brouwerij te brengen. We doen ons best. In stille tijden laten we mijn vader iets doms roepen over vechtend winkelpersoneel en soms zetten we Margarita in. Vloeibaar meisje. Kan je in alle vormen gieten. Als we maar over de tong gaan. We maken het vaak zo bont dat we wel gepersifleerd moeten worden. Vinden we zelfs heerlijk. Tegenwind frist op. Zo'n Republikeins Genootschap vinden we niks. Geen gevaar, geen angel. De helft van die lafbekken draagt een ooit door mij uitgereikt lintje en de cabaretière die lid is van dat kwezelclubje, kwam in een van onze paleizen gewoon heel braaf en slaafs een liedje kwetteren. Nee, we willen tegenstand. En dat laat ik me door die twee tutten echt niet afpikken!'

'Maar waar wilden jullie nou over praten?' vroeg ik voorzichtig.

'We komen alleen maar vragen of je wil doorgaan met je stukjes,' gaf Alex ruiterlijk toe. 'Je bent het zout in onze smakeloze pap. We worden de hele dag omringd door doodsbange majesteitzeggers. Je moet die Balkenende zien binnenkomen. Hij laat windjes van nervositeit. Dat noemen wij hier zenuwgas. Mama wil hem het liefst martelen. Daar hebben we een speciaal ka…'

'Genoeg Alex,' onderbrak de vorstin haar zoon. 'Wat we willen zeggen is: Ga door! Laat ons alle hoeken van onze paleizen zien en trek je niks aan van die enge fatsoensrakkerige bibbergereformeerden.'

'Weet u trouwens dat de Dominee, Mabel en Ottolien aan trio…'

'Genoeg Alex!'

Wachtkamerpraatjes

Advocaat en zijn manschappen hadden de Nederlandse sportverslaggevers na de wedstrijd tegen het Schotse kroegelftal dankbaar om de hals moeten vallen, omdat juist zij de ogen van de verwende voetbalmiljonairtjes hadden geopend. Maar in plaats daarvan werd het sportjournaille geboycot. De media hadden de afgelopen week de mening van de supporters op niet mis te verstane wijze verwoord en Dickie overduidelijk geadviseerd om vers bloed en jonge, hongerige honden het veld in te sturen. Gezien de opstelling en inzet hadden ze het allemaal goed begrepen. Maar de verwende oranjekrengen waren gekwetst. Zeker door Henk Klikspaan, die mijns inziens een lintje verdient omdat hij met zijn supercanard een kilo Spaanse peper in het hol van de Nederlandse leeuw heeft gestopt.

Dit alles zat ik zachtjes te bespreken met Jan Mulder, die ik stomtoevallig tegenkwam bij mijn uitgever Robbert Ammerlaan. Stomtoevallig is niet het goede woord. Wij kwamen daar met hetzelfde doel en zaten in een overvolle wachtkamer met Harry Mulisch, Kees van Kooten, Remco Campert, Leon de Winter, Jessica

Durlacher en Hugo Claus.

Eén schrijver, een beetje schurftig naar zuurtjes stinkend onderkruipertje, herkenden we niet. Maar dat bleek later meneer Jamin te zijn. Om van die gore snoepjeslucht af te zijn vroegen we Harry om met zijn stinkpijp naast hem te gaan zitten. We kwamen niet om te klagen over het feit dat onze jubilea en verjaardagen door de uitgeverette niet goed herdacht werden, maar omdat we met z'n allen wilden overstappen naar uitgeverij Querido. Sinds we van de ontevreden breedteschrijver A.F.Th. weten dat daar probleemloos voorschotten van een half miljoen euro worden gegeven, vragen we ons af wat we bij De Bezige Bij nog te zoeken hebben.

'We gaan naar Querido,' zongen we, terwijl er ondertussen ook lustig op los geroddeld werd. Over de dementerende Reve vroegen we ons af of het erg is als je op een dag Joop Schafthuizen niet meer herkent. En we hadden het natuurlijk over onze nieuwe boeken. Ik vertelde aan de volle wachtkamer dat ik mijn eerste misdaadroman heb ingeleverd. Gaat over een door en door corrupte slager die rommelt met slachtafval, veroordeeld wordt tot achttien maanden en dan via een crimineel familielid een vrijbrief koopt bij een omkoopbare officier van justitie, zodat hij niet de bak indraait. De advocaat van de familie wordt later minister van Justitie en de commissarissen van de superslagerij zijn politici die allerlei vleessubsidies regelen.

Iedereen vroeg zich af of ik de zaak in Italië liet spelen. Maar de roman is in Wassenaar gesitueerd! Dat vond iedereen ongeloofwaardig. Ik tot voor kort ook. De hoofdfiguur heeft krullen en heb ik daarom de bijnaam *De Kroes* gegeven en de officier is dusdanig sluw dat hij in de onderwereld *Vos* wordt genoemd. De minister van Justitie is, zoals de Belgen dat noemen een dikke nek en heet in criminele kringen *Korthals*. Hem laat ik toetreden tot de ranzige voetbalwereld en geef ik hem daar zelfs een bestuursfunctie.

Ondertussen zat ik op nieuwe woorden te studeren. Bekkenbodemfysiotherapeut las ik donderdag in het *AD*, net als hondenuitlaatcentrum. Het schijnt dat veel yuppen wel een hond, maar geen tijd hebben. En dan laat je dat doen. Toen ik dat las, dacht ik dat het misschien een gat in de markt is om een moederbezoekbedrijf op te richten. Dat je tegen betaling de demente moeder van een hardwerkend yuppenstel bezoekt. Je kleedt je een beetje aan als de zoon of dochter, leert wat kleinkindernamen, echtscheidingen en andere familiedetails uit je hoofd en je gaat een uurtje in zo'n verpleeghuis bij de oude moeder zitten kakelen.

Op dat moment ging de deur open en kwam A.F.Th. binnen. Meteen begonnen we met *He's a jolly good fellow* om hem te danken. Hij heeft de schrijversmarkt opengebroken. Hij zorgt voor het Bosman-arrest in de uitgeverswereld.

'Ik trakteer,' riep de blijde A.F.Th. en toverde een grote zak snoep te voorschijn. De zak ging rond en iedereen nam er een. Maar wat waren ze vies. De kleurstoffen spatten door het cellofaan. Iedereen spuugde het uit. Wat een smerig chemisch spul!

Behalve meneer Jamin, die de gore rommel gulzig naar binnen schrokte.

Winkeldieven

Zullen we het nog een keer over de Ahold-oplichters-bende hebben? Van der Hoeven ging op de avond dat zijn jarenlange wanbeleid naar buiten kwam een wan-hoopsbiertje drinken bij zijn beste vriend Karel Vuur-steen. En nu is dezelfde Karel sinds een paar dagen hoofdcommissaris van de noodlijdende kruidenier. Dit gaat verder dan incest. Kan Karel werk en privé schei-den? Hij gaat die onterecht uitgekeerde bonussen aan Ceesje toch niet opeisen? En hij regelt toch alsnog wel een beetje vertrekpremie voor Van der Hoeven? Kom op Karel! Voor je het weet moet Ceesje bedelen en staat hij met een daklozenkrant bij de uitgang van een AH-filiaal.

Misschien wel bij de winkel waar ik donderdag mijn wagentje vulde. Zonder betalen reed ik langs de kassa. Meteen hing er een beveiligingsgorilla aan mijn jas. Diefstal! Ik legde de man uit dat het mocht. Sterker nog dat het zelfs beleid bij Ahold was. Pakken wat je pakken kan. Vraag maar aan Moberg en Henny de Ruiter. Die laatste kreeg als 'redder' van het concern zelfs een bloe-metje tijdens de aandeelhoudersvergadering. Bij de naam Henny de Ruiter schoot de veiligheidsman in de lach.

'Die wordt in Zaandam *Hennesy* genoemd', was het korte commentaar van de beveiligingsman. De discussie was kort en ik moest afrekenen. In de rij bij de kassa las ik de krant. Allereerst zag ik het wapen van het koninklijke prinsenkind dat op komst is. Onmiddellijk hoorde ik Friso aan Trix vragen: 'Krijgen onze kinderen ook een wapen?'

'Dat regelt je vrouw,' sprak de geïrriteerde vorstin.

Verder las ik het heerlijke nieuws dat A.F.Th. bij Querido blijft. Voor mij was dat geen nieuws. Woensdagavond zat ik bij Ajax-Milan en toen gonsde het al door de Arena. Iedereen had het erover. Sommige supportersvakken scandeerden de naam van de schrijver. De nederlaag tegen de Italianen werd op de koop toe genomen. Wat een vreugde. Adri blijft! En men was unaniem opgetogen over het tapijtje dat de jubilerende schrijver in de hal van het uitgevershuis krijgt.

Een anonieme, maar altijd zeer vrolijke bron vertelde mij dat de meeste redacteuren van Querido de kop van de verwende schrijver liever in de bodem van de pot van de personeels-wc hadden gebakken. Zodat ze goed op hem konden zeiken. De rest mag u zelf verzinnen. Ik word binnenkort vijftig en krijg van de uitgeverij een behangetje in de hal. Ik heb er niet om gevraagd. Wel om gejammerd.

Stond er dan helemaal geen vrolijk nieuws in de krant? Zeker wel. In Delft heeft Sint Nicolaas tijdens zijn intocht ruzie gehad met de schipper van de stoomboot. De schipper was boos omdat Sint zo laat was en hij was bang dat hij op de terugweg voor een gesloten brug kwam. Kortom: hij scheurde, al ruziemakend met de goedheiligman, met zijn boot door de Delftse grachtjes. De boot was Zwarte Pietloos, omdat de knechten geen kans hadden gezien bij het racemonster aan boord te springen. Een hekgolf spoelde over de kades. De scheldende Sint flitste voorbij de verbaasde kinderen, die in plaats van pepernoten zeiknatte voetjes kregen. Later stoof de woedende Sint op zijn briesende paard door de binnenstad. Ik was er graag bij geweest.

Misschien was Sint wel gewoon boos omdat de chocoladeletters in de supermarktoorlog veertig procent goedkoper waren geworden. Sint bestelt de letters altijd in september en overweegt een miljoenenclaim bij Ahold. Die claim komt gewoon op de stapel. Het aantal rechtszaken tegen de Zaanse kruidenier is zo groot geworden dat ze in hun pure paniek zelfs de topjurist Peter Wakkie in de Raad van Bestuur hebben benoemd. Tijdens de laatste aandeelhoudersvergadering werd dit laffe clubje door een roedel juristen vanachter een blauw gordijn per e-mail gesouffleerd. En Henny moest zijn kop houden. Een rat in het nauw maakt rare sprongen.

Als ik schrijf dat het Ahold-concern me erg aan de maffia doet denken, krijg ik dan een proces aan mijn broek? Of komt Kareltje Vuursteen persoonlijk de kogels in het plafond van onze kinderkamer jagen? Wie het gedaan heeft bij *Quote*? Ik! Waarom? Omdat ik niet in die Top 500 sta. Te veel verloren. Verkeerd belegd. Waarin? Drie keer raden.

Familiefoto

Het is zaterdagnacht drie uur en het is geen feest bij de Van 't Hekjes. Sterker nog: het is crisis. Ik lig eruit. Vannacht mag ik nog in het logeerbed, maar op het moment dat u dit leest dool ik zo goed als zeker door de grote stad Amsterdam. Op zoek naar een hotel. Wat er gebeurd is? Veel. Heel veel.

Op 22 november was iedereen met zijn getrokken lootje meer dan tevreden. Sterker nog: bij menigeen zag ik een grimmige glimlach. Ze zouden hun varkentje wel even wassen. Traditiegetrouw vertel je aan niemand wie jouw slachtoffer is. Alleen voor hem of haar koop je een echt groot cadeau. Voor de rest heb je niks of hooguit een prul. Wij vieren het met zijn negentienen.

Omdat ik de trekking georganiseerd had, had ik ook de lootjes gemaakt en u voelt het al: iedereen had mij getrokken. Alle lootjes stonden op mijn naam. Achttien grote cadeaus lagen gisteravond om acht uur op mij te wachten. De kwetsende gedichten zou ik op de koop toe nemen.

De avond begon gemoedelijk. We namen de actualiteit door en uiteraard kwam de oliedomme Wim Deetman ter sprake. Iemand vertelde dat het vooral jaloezie van de burgemeester was. Mevrouw Deetman had namelijk de foto gezien en schijnt geroepen te hebben: 'Dus zo groot kan ook.'

's Avonds in de slaapkamer is ze zo hard gaan lachen toen Wim zijn ruim vallende Jansen & Tilanus liet zakken. Iemand anders vertelde dat de lul uit de broek een hele oude Haagse traditie is. Edwin de Roy van Zuydewijn heeft ooit verteld dat de oranjeprinsen vanuit de koets met één hand naar het volk zwaaien en met de andere hand de middelvinger opsteken, maar ik heb al vaker gehoord dat ze veel verder gaan en hun adellijke deel uit de chaquetbroek hebben hangen. En niet alleen de prinsen. Ook Pieter van Vollenhoven doet al die jaren vrolijk mee. De eerste keer schijnt Máxima heel geschrokken te hebben gereageerd, maar zelfs Trix stelde haar gerust. De vorstin kan om deze oude familietraditie hartelijk lachen. Dat vindt zij nou satire. Prins Claus deed overigens nooit mee.

Toen de gehuurde Sint arriveerde begon de officiële pakjesavond. De eerste surprise ging mijn kant uit en ik zag een aantal familieleden bedenkelijk naar elkaar kijken. Hoe kon dit? Bij de tweede surprise was het meteen alarm, ruzie en oorlog. Niemand wilde het nog verder vieren. Dit was geen humor. Dit was domme hebzucht. Ik heb nog nooit zoveel mensen tegelijk tegen me zien schreeuwen.

Het sinterklaasfeest heeft volgens mij iets moraliserends en ik had het dit jaar in het licht van de graaicul-

tuur geplaatst. Een berg aan cadeautjes en ze zijn allemaal voor de baas. Ik vond het wel symbolisch. De rest
van het gezelschap kreeg van mij een handje pepernoten. Ik vond het een actuele verdeling.

Enkele familieleden hadden de afgelopen weken het
gedrag van de Scheepbouwertjes en andere harktypes
nogal fel verdedigd en ik wilde ze op vrolijke wijze con-
fronteren met de praktijk.

Mijn rechtse zwager mag graag schermen met de onkosten die de captains of industry moeten maken. Ik
vertelde welke kosten ik voor deze avond allemaal gemaakt had. Mijn verwarmde huis beschikbaar gesteld,
koffie geschonken, banketstaaf en speculaaspop geser-
veerd, wijn en andere alcoholische versnaperingen geregeld en daarbij heb ik de onkosten van de aanwezige
Sint-Nicolaas en zijn Pieten vergoed. Vroeger had je
een Sint en twee Pieten voor een kleine honderd euro
zwart, maar sinds de Marokkaanse jongeren in onze
hoofdstad dit seizoen een Sintje of twintig gemoles-
teerd hebben, bestaat het Zwarte-Pietenteam tegenwoordig uit minimaal zeven kickboksers. En die jongens komen niet voor niks.

En nu ga ik mijn koffers pakken. Ik verlaat dit huis.
Als souvenir neem ik de vanavond gemaakte familie-
foto mee. Ik heb hem als *screensaver* op mijn laptop gezet. Op het kleine toestelschermpje had ik het niet gezien, maar op mijn beeldscherm is het overduidelijk.
Behalve bij mij hangt bij iedereen de lul uit de broek.
Vrolijk gezicht: een zwarte piet met een witte. En bij
mijn vrouw hoop ik maar dat hij van marsepein is.

Werkelijkheid

In het Nicaraguaanse stadje Rayti, ongeveer 600 kilometer ten noorden van de hoofdstad Managua, lijdt de hele indianenstam aan het zogenaamde Grisi-syndroom van collectieve gekte. Enkele maanden geleden heeft de ziekte zich geopenbaard. De indianen verloren hun gevoel voor de werkelijkheid en begonnen doelloos rond te rennen. Met tovenarij proberen de indianen het te bestrijden.

Toen ik dit stukje las, had ik het beeld nog op mijn netvlies van een aardige man die net vader was geworden en met zijn nog geen vijf uur oude wurm op een kussen moest rondsjouwen. Het schepsel werd getoond aan een roedel persfotografen, zodat het hongerige klootjesvolk het kind kon zien. Het door de vader persoonlijk geselecteerde journaille was nog te belabberd om te informeren naar de gezondheid van de zojuist bevallen moeder. Twee dagen later zag ik de kruiperige gezagsdragers Balkenende en Deetman met de arme vader proosten omdat hij zijn koninklijke kermiskind had aangegeven. Bij de naam Catharina-Amalia moet ik steeds denken aan een tweedehands reddingsboot op de Waddenzee. Het leven van dit meisje is nu al bepaald door een hongerig volk dat een sprookje wil. De griezelige Evert Santegoedjes slijpen likkebaardend hun potloodjes om de jeugd van dit kind te vergallen. Waar halen wij het recht vandaan dat wij een leven lang alles van dit kind willen weten? Soms denk ik erover om een prinsesjesbevrijdingsfront op te richten. Dat meisje moet bevrijd worden. Desnoods met geweld.

Ik moest ook denken aan de premier, die de hele dag mekkert over normen en waarden, maar er geen enkel probleem mee heeft dat een boer een miljoen kippen in een hal opsluit. In de ogen van de christelijke politici is niet degene die ze gevangen houdt de terrorist, maar juist hij die ze wil bevrijden. Ik denk dat de god van de christen-democraten heel anders over deze dierennormen en -waarden denkt en in het hiernamaals meedogenloos met deze dierenbeulen afrekent. En ook met de politici die deze martelpraktijken gesteund hebben.

Hoe erg is het om je gevoel voor de werkelijkheid te verliezen? Want wat is die werkelijkheid? Meer dan zestienduizend randdebielen die in een Idols-studio op een stip een liedje gaan staan steunen en kreunen, waarna ze door een jury onder leiding van een ijdele engerd met een zonnebril in zijn ongewassen haar meedogenloos worden afgeserveerd. En drie miljoen bloeddorstige kijkers die zich suf lachen als ze zien hoe een puberale puistenkop zichzelf volkomen belachelijk maakt? Als de rimpelloze Jerney Kaagman zo'n debiel neefje had, zou ze hem liefdevol beschermen en er voor zorgen dat niemand hem in deze ontluisterende toestand te zien zou krijgen. De werkelijkheid is duizenden eenzamen die dit weekend het slot van onze beschaving vieren op de miljonairsbeurs in de RAI, waar plastisch chirurgen zich in lullige standjes aanbieden om de rijkeluisteefjes strak te strijken. En de dames maar hopen dat hun man dan wel blijft.

De werkelijkheid is het kampioenschap beeldschermwerpen dat dit weekend in het Achterhoekse Ruurlo wordt gehouden. Mensen gaan daar gooien met de monitor van hun computer. Waarom? Geen idee. Totale radeloosheid, denk ik.

De werkelijkheid is het verdwijnen van de scholekster omdat de kokkelvissers de Waddenzee helemaal leegvissen. De werkelijkheid is dat je schrikt als je een mus in je Amsterdamse achtertuin ontwaart. De werkelijkheid is vaak ook grappig. Mensen die een sigaretje roken onder een afzuigkap, terwijl op de snelweg de files ons land vol kanker blazen. En er is een vrolijke werkelijkheid die ik deze week over mijn collega Frans Bauer hoorde. Als hij zijn liedjes zingt, bieden zijn fans hem vaak een roos aan. Per concert ontvangt de zanger honderden kunstzijden rozen, die hij bij de ingang van het theater voor drie euro per stuk verkoopt. De ontvangen rozen gaan de volgende dag weer in de verkoop. En de kranten maar schrijven dat hij dom is.

Nee, die indianen in het Nicaraguaanse Rayti zijn zo gek nog niet. Als ik hen was zou ik lekker blijven dolen.

Prozaccen Boys

Je heet Rafael van der Vaart, je deelt je bed met een van de meest begeerde meiden van het land, vervoert haar in een glanzende bolide, op je werk word je elke veertien dagen toegejuicht door een kleine vijftigduizend mensen, je gaat naar het EK in Portugal, je hebt de meest lucratieve sponsorcontracten en jaarlijks vang je een paar miljoen euro netto! Leuk lijstje. Elke jongen droomt zo'n leven. Maar nu komt het: de clubarts van Ajax denkt erover om je aan de Prozac, te zetten. En niet alleen jou, maar de voltallige selectie.

Ik heb het bericht zevenendertig keer moeten lezen om het te kunnen geloven. Mag een dokter eigenlijk vertellen wat hij zijn patiënten wil gaan voorschrijven? Valt dat niet onder het beroepsgeheim? Ik wil die Ajax-dokter in elk geval niet als huisarts. Voor je het weet staat je druiper in de *Story*.

Maar waarom moet Ajax chemisch worden opgevrolijkt? Om de tegenvallende resultaten? Dan weet ik nog wel wat clubs. Of omdat het halve stadion stijf staat van de rommel? Ik weet het niet, maar zelden heb ik een droever en eigentijdser bericht gelezen. Ajax, een van

Nederlands beste voetbalclubs met een rijke historie en uitpuilende prijzenkast, moet van de medische staf aan de pillen! Ik werd er zeer depressief van.

En ik ben toch al niet in mijn beste dagen. Kom net uit een supermarkt waar het voltallige personeel op gezag van de directie een vrolijke kerstmuts op had. Zo'n rosbief snijdend meisje op de vleeswarenafdeling dat je vanonder die muts moedeloos vraagt of het ietsje meer mag zijn. Ik vroeg me af of de filiaalchef nu in zijn kantoortje ook met zo'n muts op zit. Had steeds de neiging om even te gaan kijken en de man te vragen of hij inderdaad zo'n verschrikkelijke hekel aan zijn mensen heeft. Vanwaar deze mutsmarteling? Waarom deze minachting van zijn personeel?

Maar ik werd meer naar de uitgang dan naar het kantoortje gezogen. Mijn gehoor werd namelijk gepijnigd door kerstmuzak. Jinglebells uit goedkope synthesizers. Waar is het ooit massaal misgegaan? Waarom doen wij elkaar dit aan? Waarom vieren we überhaupt Kerstmis? Ik kom dezer dagen bijna alleen maar zuchtende mensen tegen. Als je vraagt wat iemand gaat doen met de kerst dan steunt en kreunt men: 'Eerste dag schoonfamilie en de tweede dag naar mijn ouders!' Het is een verzoeking, een martelgang en iedereen snakt naar het uur dat het feest voorbij is. Maar als je geen zin hebt, ga je toch niet?

Wat ik ga doen met kerst? De eerste dag ga ik naar mijn aardige zusje en ik rij daar fluitend heen. Ik tref daar een van mijn broers, die ik lang niet gesproken heb en ik bereid me nu al voor op een vrolijk avondje

lachen, eten en drinken. En de tweede dag komt er traditiegetrouw een grote club vrienden bij ons eten en we
zijn al dagen lachend in de weer om dat voor te bereiden. We bezoeken uitpuilende winkels, kunnen kopen
wat we willen, bereiden dat, schenken er een mooie
wijn bij en hopen dat iedereen een leuke avond heeft.
En niemand is verplicht om aan deze dis aan te zitten.
Wie niet wil, zegt af. Dat is toch feest? De halve wereld
sterft met vliegjes in de ooghoeken, ligt kermend in de
goten van de sloppen van New Delhi en snakt naar een
paar korrels rijst. En wij worstelen ons met zijn allen
zuchtend door de dagen heen. Waarom ruilen we niet
voor een keer?

Ik werd afgelopen woensdagavond somber toen ik in
een of ander treurig sportgala zag hoe de aardige Nederlandse toptennisser Richard Krajicek bekogeld
werd met tennisballen. Mart Smeets gaf een paar voor-
beelden hoe er ooit met respect van internationale
sporthelden afscheid was genomen, vroeg vervolgens
een staande ovatie voor de voormalige Wimbledon-
kampioen en liet hem bekogelen met tennisballen. Per
bal ging er tien euro naar een goed doel. Het was een
beschamende vertoning. En als Richard Krajicek dit
weekend nog aan de Prozac gaat, snap ik hem als geen
ander.

Kerstdiners

Jacques Wallage moest wennen aan de nieuwe manier van bidden. Schoenen uit, blik naar het oosten en maar buigen. 'Allah is groot, Allah is machtig', prevelde hij een keer of honderd. Papa, doe normaal, dachten zijn vrouw en dochters die onderhand worstelden met hun nieuwe hoofddoekjes. Ze knelden. In plaats van een mooie Château Margaux 1988 stond er een pot geurige muntthee op tafel te dampen. Het menu was geprint op het briefpapier van de gemeente Groningen. Niemand durfde iets te zeggen uit angst voor een corrigerende tik van de op hol geslagen burgervader. Voortaan altijd couscous met schapenvlees.

Bij Trix was het, ondanks de aanwezigheid van de kersverse wolk Amalia, ondertussen ook niet echt gezellig. Het was vooral gespannen. Een paar keer probeerde Mabel een verhaal uit haar studententijd te beginnen, maar een harde schop van Friso onder de tafel zorgde voor een voortijdig einde.

'Geen studententijd,' siste de prins. Er vielen ongemakkelijke stiltes. Op een gegeven moment stoorde Mabel zich in haar zenuwen aan een stukje hagel dat in haar haas zat. Ze spuugde het nogal demonstratief uit. De hele tafel keek haar aan. Wat zat ze nou te zeuren over zo'n lullig loden kogeltje? Ze had toch wel eens grotere kogels gezien? Jorge, de vader van Máxima, keek geïrriteerd. Dat kwam niet alleen door dat lullige stukje munitie, maar ook door zijn dochter, die veel te emotioneel gesproken had over de kleine Amalia. Ze was zo verliefd op de heerlijke baby en hoopte het kindje nooit te verliezen. Dat leek haar zo erg: als moeder je kind kwijtraken. Jorge zweeg.

Bij de Van der Vaartjes thuis wilde het ook al niet vlotten. Daar aten ze traditiegetrouw de balletjes gehakt. Maar Rafael kreeg de bal niet aan zijn vork geprikt. En telkens als hij er in wilde snijden, schoot de bal van zijn bord. Zowel hijzelf als zijn Sylvie zaten onder de vette jus. Hoe hij het ook probeerde, hij raakte de bal steeds maar half. De wanhoop spoot uit zijn ogen.

Bij Jort en Georgina was het echt knallende ruzie. Dit was hun eerste ontmoeting zonder televisiecamera's en het gesprek wilde dan ook niet echt vlotten. Zomaar gewoon met zijn tweeën. Er vielen pijnlijke hiaten.

'Anders klap je voor me als ik iets gezegd heb,' opperde Jort, maar daar wilde het opgespoten soapsterretje niets van weten. Zij stelde aan de hoofdredacteur voor om zelf een video-opname te maken. Dat praat veel gemakkelijker.

'Als ik praat, ben jij de cameraman en als jij praat *shoot* ik jou,' kirde het popje dat voor deze keer glitters in haar lipstick had gedaan. 'En misschien kunnen we de beelden nog verkopen aan AT5. Ze jengelde als een klein kind. Ze moest en zou haar zin krijgen.

Bij Gretta en Wim was het op eerste kerstdag ook niet echt lekker knus. Hoe goed ze afgelopen maandag ook hun best hadden gedaan in Nova. Gretta was boos. Het feit dat Wim eerst heel dom had verraden dat het rehabilitatiegesprek handjeklap geregeld was met een goede vriendin, de dochter van Boebie Brugsma, die in de redactie van het programma zit, was nog tot daar aan toe. Maar dat hij daarna openlijk vertelde dat zij de domste muts van Amsterdam-Zuid is, die nog niet eens wist dat er in de Tweede Wereldoorlog zes miljoen jo- den waren vermoord, sloeg werkelijk alles. Volgens Wim wist ze het echt niet. En nu zat hij haar aan tafel een beetje bij te spijkeren. Zodat ze op allerlei recepties niet weer een pleefiguur zou slaan. Hij legde uit dat Saddam gepakt was en Osama nog niet. Het bonkte on- der haar zwart geverfde kapsel. Wie van de twee had ook alweer een baard? Wat was het toch moeilijk alle- maal. Toen Wim zei dat Yasser Parkinson had, vroeg ze of Parkinson een terrorist was.

De Wallages, de Oranjes, de Van der Vaartjes, de Kel- dertjes en de Duisenbergjes keken treurig naar buiten. Ze wilden allemaal sneeuw en wel onmiddellijk. De enige die het vrolijk had, was Ayaan. Onder de kerst- boom hief ze haar zevende glas en riep proestend: 'Op Allah'.

Katerzwijm

Net bekomen van mijn kerstdiner (rivierkreeftjesaam-
beien op een bedje van rucola, een heldere caviabouil-
lon en gestoofde zeepaardstaartjes) kwam het keiharde
nieuws: Jamai is officieel homo. Hij schijnt het in een
radioprogramma bij BNN te hebben gemeld. In *De Telegraaf* reageren de beroepsnichten Gordon, Carlo
Boszhard en Gerard Joling heel erg positief op de uit de
kast gekomen Idols-winnaar. En hij schijnt vanavond
in een open landauer door de Amsterdamse Reguliers-
dwarsstraat gevoerd te worden.

De modieus gebrilde puberzanger heeft eerst een
goed gesprek gevoerd met de voorzitter van de Idols-
jury (die man met die midwinterzonnebril in zijn ongewassen haar) en heeft toen besloten om het landelijk
bekend te maken. Moest ook weer even denken aan een
van onze prinsen, die door Eef Brouwers van de RVD
officieel bekend liet maken dat hij hetero is.

De Idols-deelnemer Dewi, die een kleine vijf weken
een veelbesproken liefdesrelatie met Jamai heeft on-
derhouden, heeft via haar beste vriendin onmiddellijk
laten weten dat ze toen wel met de verse homo gezoend

heeft, maar dat ze niet het bed met hem heeft gedeeld. Ze waren toen zo druk dat ze daar geen tijd voor hadden. Jamai en Dewi zijn nu hele goede vriendinnen. Je kan in zo'n geval niet vlug genoeg aan het volk laten weten dat het niet aan jou lag. Diverse vrienden van mij hebben gevreeën met dames die later pot werden en dat heeft hen toch lange tijd flink in de war gebracht. Lag het aan mij? Deed ik het niet goed? Het zijn stuk voor stuk stamelende twijfelmannen geworden. Eén vriend is het zelfs aan zijn ex gaan vragen. Over het antwoord zwijgt hij wijselijk. Een vriendin van mij trof haar man ooit in bed met haar kapper. Die lag zijn schaamhaar bij te punten. Zij is daar nooit overheen gekomen. Vooral over het feit dat het haar kapper was. Waarom niet haar registeraccountant?

Drie dagen heb ik de krant met het Jamainieuws voor mijn puberende dochter weggehouden. Mijn vrouw en ik hebben een halve nacht gefluisterd over de te volgen strategie. Hoe gaan we het haar vertellen? Zeggen we het ineens of vertellen we het in etappes? Nog zien we haar met drieduizend andere beugelbekkies voor Krasnapolsky staan krijsen. De idolen Jim & Jamai waren in het hotel en verschenen heel even als twee jonge pausen voor het raam. Ze zwaaiden nog wat onwennig naar de massa meisjes. Ik zag toen een zeer doordeweekse Jim, die op alle jongens van Nederland leek en ik zag een homo met een bril. Ik dacht: die meisjes zien toch wel dat die bril een nicht is? Later hoorde ik hem praten en wist ik het helemaal zeker. Het was een mengeling van Marc-Marie, Paul de

Leeuw en mijn collega-columnist Albert Verlinde. Maar het toegestroomde legioen meisjes was blind en de dames vielen massaal in katzwijm. Katerzwijm kun je het achteraf beter noemen. Mijn dochter is natuurlijk niet de enige bij wie de held in gruzelementen van zijn sokkel lazert. Voor heel jong vrouwelijk Nederland is dit een dreun! Eerst werd hij laatste bij de World-Idols en nu nog even de snoeiharde mededeling dat hij op jongens valt. Nog erger: hij heeft al een vriend. Dus al die meisjes komen er nu achter dat ze gewoon belazerd zijn. Ze hebben toen voor niks hun dure sms'jes verzonden. Hoe zinloos is hun leven verder? Hoe komen ze hier overheen? 2004 kon niet zwarter beginnen. Waarom heeft hij het niet wat voorzichtiger gebracht? Waarom heeft hij niet eerst gemeld dat hij soms twijfelt of hij misschien…? Dan hadden de dames zich kunnen wapenen. Met elkaar kunnen overleggen. Dan hadden de jeugdpsychiaters een gezamenlijk antwoord kunnen voorbereiden. En na een week vol wikken en wegen had hij de mededeling door Eef Brouwers moeten laten doen: ik ben nicht.

Maar dit is te heftig. Dit is gewoon ronduit gemeen. Gisterochtend heb ik mijn dochter ontbijt op bed gebracht en heb ik het haar stukje bij beetje verteld. Krijsend krabde ze de posters van de muur, zeilde de stukgedraaide cd's door het open raam naar buiten en stamelde uit de grond van haar hart: 'Lelijke trol!'

Mastergame

Mooi wonen. Rijd door Wassenaar, Blaricum en Vught, wandel door het groene Laren of fiets door het prachtige Aerdenhout, het Bussumse 'Spieghel', of een andere chique villawijk. Het oogt liefdevol. De hockeystickjes van de kinderen liggen braaf op het gazon, de golfsetjes van vader en moeder staan te glimmen in de hal, mama's jeep staat heel ontspannen op de oprit en uit de schoorsteen geurt het heerlijke aroma van een heuse open haard. Maar vergis je niet. Er is zoveel leed achter de dubbele ramen. De botoxteefjes strijden om de gunst van hun man. De concurrentie met de strakke meiden van kantoor zijn ze aan het verliezen. De reet is inmiddels afgezogen, de tieten bijgevuld en het gezicht is meedogenloos ontrimpeld, maar toch...

De midlifemannen zitten radeloos voor de computer. De hypotheeklasten druipen stroperig van het scherm. Het leek zo'n goed idee, die beleggingshypotheek, maar inmiddels is er vier ton verdampt. De klantvriendelijke adviseur van de bank heeft nooit meer gebeld. Verhuizen is een nederlaag, failliet is nog erger, dus wordt er bedompt gebeld met niet onbemiddelde ouders. Een paniekvoorschotje op de erfenis. Kakkersleed dus.

Geeft dit onvrede? Ja, dit geeft onvrede. Zeker als je op je platte breedbeeld de Iraanse stad Bam ziet kermen. Dan krijg je last van wroeging. Hartjeuk. Zieleczeem.

De een noemt het midlife, de ander depressie. Psychen worden geconsulteerd, peuten worden platgelopen en Prozac is een ruggensteun. De apotheker rijdt altijd met een grote glimlach door de lommerrijke lanen, de huisarts gniffelt binnenprettig en de slijter is de echte medicijnman.

Hoe komt de kakker uit zijn crisis? Jaren gebeurde dat via Landmark. Dat is een inmiddels achterhaalde cursus voor radeloze yuppen. Die stonden op zaterdagochtend met zijn allen voor heel veel geld te stamelen in een zaaltje. Je moet leren geloven in jezelf. En alles durven. De man van een vriendin van mij belde vanaf het podium huilend naar zijn bejaarde moeder om haar te vertellen dat ze zijn jeugd verpest had. 'Je was altijd bridgen en je zei nooit dat ik het goed gedaan had!' Dit alles in het bijzijn van de begripvolle groep. Mooi slot van een radeloze beschaving.

Maar nu gaan ze nog een stapje verder. De tupperwarepsychotherapie. De peut aan huis. Met negen slechte huwelijken in een ruime kamer van een grote villa en dan een weekend onder leiding van een Amerikaanse muts aan je rotte relatie werken.

Je mag je echtgenoot openlijk verwijten maken. 'Hij zit de hele dag te internetten, heeft een wintersportfoto van mij als screensaver en gaat alleen nog met de muis over me heen!' Man-woman, the mastergame. Zo heet het. Lekker met andere echtparen werken aan je relatie. Gooi de blubber maar naar buiten. Huil de frustratie uit je hoofd. Maak het nog leger dan het al is! De verveelde huisvrouwtjes worden opgefrist en de vaders worden uit de midlife gesleept. Het schijnt te gebeuren op basis van een boek van de schrijfster Kristina Catalina. Een bezoekje aan www.manwomanmadeeasy.com leert je alles. Let vooral op de zoete kusjes en de roze hartjes. Zij maakt het leven in Wassenaar weer zinvol. Je gaat weer genieten van de Porsche van je man.

Als ik op zaterdagavond door een arbeiderswijk rij en ik zie het volk massaal vanaf de Ikeabank naar Idols loeren, dan word ik overvallen door een bodemloos medelijden. Maar nu ik weet dat er in de villa's en bungalows tientallen echtparen op datzelfde moment een cursus paniekvoetbal volgen, weet ik niet wat ik zieliger vind. Ik denk toch echt het laatste. Jan-Jaap, Jan-Willem en Floris-Bart vertellen aan Fleur, Fokkelien en Laetitia hoe erg het is om zes weken geen seks te hebben in de Auping. De dames komen met andere verwijten. 'Praat eens met me', komt er grienend uit. Het wedgwood staat te rinkelen in de kast. Ik ging al nooit zonder glimlach door een villawijk, maar nu is het nog erger. Bulderend en proestend met mijn neus op de claxon stuur ik mijn auto langs de hockeyvelden. Wat een prachtig leed. Waarom schudt de aarde nooit eens in die wijken? Het zou velen opluchten.

Prostaatpraatjes

Gisteren was er een minuut stilte voor de vermoorde conrector Hans van Wieren uit Zoetermeer. Bij mij duurt de stilte langer. Veel langer. Ik ben werkelijk sprakeloos. Helemaal toen ik donderdagavond de uitzending van Rondom Tien zag. Pasjes, beveiligingsmensen, camera's, vechtpartijen, fouilleren, enzovoort. Het leek wel een discussie over de problemen in de Gazastrook.

Het ging echter over het Nederlandse onderwijs. Het ging over scholen. De plek waar wij de jeugd wat leren. Iets leren voor de toekomst. Als ik in mijn jeugd alle leraren met wie ik niet zo goed overweg kon had omgelegd, was het Gooi nu een groot massagraf geweest. Na elke ruzie dacht ik altijd: zand erover. En dan niet zoals de Baarnse kinderboerderijhouder. Raar dorp. In mijn jeugd had je ook al een Baarnse moordzaak. Toen stopte Boudewijn H. een jochie in de ongebluste kalk. Sommige dorpen hebben vreemde tradities.

Je mag voor Heleen van Royen hopen dat Rob Oudkerk geen last van eerwraak heeft. Anders moet ze toch even onderduiken. Zondagavond 4 januari zat ik toevallig in hetzelfde restaurant als Rob, die niet zo goed tegen drank kan en na twee bakkies heel stoer gaat snuiven tegen vreemde vrouwen. Prostaatpraatjes. Hij was in die eetgelegenheid in het gezelschap van een hoer en wat kinderen. Ik ga ervan uit dat het zijn eigen hoer was. Ik zag haar in de gauwigheid en constateerde dat hij een leuke, aantrekkelijke hoer heeft. Hoe zal het nu met zijn hoer gaan? En met hun kinderen? Vooral aan hen moest ik afgelopen week vaak denken. Je ziet het gezin Oudkerk aan de avondmaaltijd. Mevrouw Oudkerk vraagt aan Rob wat hij vanavond gaat doen. Rob zegt dat hij twijfelt. 'Of internetten of even lekker de stad in.'

Uiteraard heb ik dat www.hookers.nl even bezocht. Ik wilde weten waar onze wethouder op mijn kosten dagelijks naar zit te loeren. Ik verwachtte exotische speeldozen, blonde snollen en opgepompte liegtieten. Maar niks daarvan. Op deze pornosite staan hele ranzige verhaaltjes van zeer zielige hoerenlopers. Een zekere Jan vertelt dat je in de parenclub van Uithuizermeeden beter aan je gerief komt dan in een amateuristische trektent in Bergen op Zoom. Met alle details. Het is gewoon de officiële site van de Nederlandse Zadelruikersbond. Allemaal mannetjes die zo geportretteerd zouden kunnen worden door de SBS-journalist Ton van Royen.

Ton is de echtgenoot van Heleen, die het allemaal zo fijnzinnig heeft opgeschreven. Waarom heeft een stadsjongen als Robbie toch zo staan snoeven tegen zo'n provinciaals poldermeisje? Hij had natuurlijk wel wat goed te maken. Wethouder van onderwijs en dan negenenzestig fouten in je dictee. Soixante-neuf! Dan zou ik in de kroeg ook een maskerende grote bek opzetten.

Mocht die Van Royen het allemaal opschrijven? Ja. Ze is onervaren, kent de columnistencode nog niet en wil hoe dan ook scoren. Haar maakt het allemaal niks uit. Zij kent zelf geen eigen privé-leven, dus waarom zou ze dat van anderen respecteren?

Alles mogen wij van haar weten. Als zij haar schoorsteen eens even goed laat vegen door een bijklussende dakdekker in een lege bestelwagen op een desolate parkeerplaats langs de A1, lapt hoorndrager Ton thuis in Almere de ramen, zet een knoopje aan de kinderkleren en legt vast een schone string voor zijn vrouw klaar. Dat schrijft ze allemaal op. Ton is een zoete sul, die dankzij de boeken en stukjes van zijn vrouw door het hele land vierkant wordt uitgelachen. Ton wilde ooit de eerste gekozen burgemeester van Amsterdam worden. Misschien wordt hij het. En dan Rob als wethouder. Lijkt me werkelijk een schitterend duo.

Over leuke duo's gesproken. Las dat er naar de zakenmannen Eddy de Kroes en Ed Maas een onderzoek wordt gedaan in verband met een mogelijke beursfraudezaak. Of ik verbaasd ben? Nee. Mij verbaas je niet meer. Of ik het raar vind dat het vooraanstaande LPF'ers zijn? Nee. Maar ik begrijp nu wel in één klap waarom de LPF'er Eerdmans een weeklang heeft onderzocht hoe het is om met twee man in een gevangeniscel te zitten. Hoewel? Eddy heeft tegen die tijd vast alweer een vrijbrief in zijn binnenzak.

Melaats

Over gordelleed gesproken: sinds een week ben ik erachter dat de Oudkerkjes en de Van 't Hekjes dezelfde
pianoleraar hebben. Dus gaat er bij ons voortaan toch
even een nat lapje over de toetsen als de goede man geweest is.

De hele hoerenloperszaak heeft mij bijzonder ge-
raakt en maandag aanstaande geef ik tussen twee
schaamschotten op de Theemsweg een persconferen-
tie. Ik zal dan officieel aankondigen dat ik een proces
tegen de Parool-columniste Heleen van Royen begin.
Waarom? Omdat zij mijn leven kapot heeft gemaakt.
Hoezo? Mijn columnistenleven is verwoest. Niemand
wil nog met me praten.

Deze week speelde ik in Enschede en daar zou ik traditiegetrouw mijn vriend en collega Herman Finkers
ontmoeten. Hij zou woensdagavond mijn voorstelling
bijwonen en na afloop zouden wij een zacht glas
Grolsch delen. De middag voor de voorstelling deelde
hij mij per mail mee dat hij in de schouwburg aanwezig
zou zijn en dat hij mij na afloop schriftelijk zou laten
weten wat hij ervan vond. Van een live ontmoeting kon

helaas geen sprake zijn, aangezien ik ook columnist ben. Ik moest begrijpen dat hij als *Bekende Tukker* dit soort confrontaties niet aan kan gaan. Liever naar de hoeren dan praten met een columnist, schreef de zachtaardige Herman mij letterlijk. Ook het etentje dat bij ons thuis gepland stond voor half februari moest hij helaas afzeggen.

De avond ervoor at ik voor de voorstelling een klein hapje met Vara-voorzitter Vera Keur. Gewoon om wat zaken te bespreken. Dit doen wij al jaren. Het zakelijke gesprek duurt meestal een minuut of drie en daarna nemen we altijd de wereld en ons privé-leven door. Vera vertelde mij aan tafel dat ze eigenlijk had willen afbellen, maar dat ook weer niet durfde uit angst dat ik naar de Avro zou stappen. We namen de zaken snel door en daarna volgde een pijnlijke stilte. We zaten als een veel te lang getrouwd stel angstaanjagend te zwijgen. Elk onderwerp dat ik aansneed was fout.

'Daar kan ik helaas niks over zeggen', was haar antwoord op al mijn vragen. Na de voorstelling zouden we elkaar zien, maar via mijn technici kreeg ik te horen dat ze erg gelachen had. Ze zou via mijn manager nog wel mailen.

Maandag was me met Henk Kesler, de in Enschede wonende KNVB-directeur, al hetzelfde gebeurd. 's Middags hadden we een zakelijk gesprek. Ik ga in Portugal voor alle wedstrijden de spelers uitmaken voor liefdeloze geldwolven. Dit doe ik niet tijdens een besloten bijeenkomst, maar in het bijzijn van alle camera's, balpennen en micro's van de Nederlandse media. De jongens mogen weerwoordloos luisteren en toekijken. Op die manier hoopt Henk de miljonairtjes te kunnen prikkelen. We bespraken de voorwaarden (ik doe dit schnabbeltje voor een dj-salaris van 18.000 euro per sessie!) en daarna was het stil. Doodstil. Wat ik ook probeerde, welke vraag ik ook stelde, geen enkel antwoord. Alleen over het weer werden we het eens.

Gisteravond vond ik na de voorstelling een briefje van burgemeester Jan Mans. Al twintig jaar bezoekt hij trouw mijn voorstellingen en nemen we na afloop een voorzichtige alcoholische versnapering. Hij hoopte dat ik begrip had voor het feit dat hij helaas niet meer privé met mij kon praten.

Donderdag betrad ik rond middernacht het Enschedese prachtcafé Het Bolwerk, een tent waar ik al jaren met veel plezier kom. Er viel een verpletterende stilte, de muziek ging uit, het licht ging op vol en de barkeeper verzocht me dringend de kroeg te verlaten. Op de andere cafés hingen al briefjes: Geen honden en geen columnisten.

Wanhopig begaf ik mij naar de markt. Normaal mag ik daar altijd graag praten met de stappende studenten. Ik leek melaats. Ten einde raad verdween ik richting mijn vaste Twentse bordeel *Het Haasje*. Ik trakteer mezelf al jaren één keer per week op een zachte, begrijpende tourneehoer. Ik heb nou eenmaal een *stressy* baan en moet me één keer per week op vreemd vlees legen. Mijn vrouw weet ervan. Maar mijn vaste snol liet mij weten dat ze helaas niets voor me kon doen. Ik moest mezelf maar een slinger geven. Met columnisten wordt niet meer gewipt.

Doodgewoon

Op een school in Almelo kon je schietles krijgen. De cursus geweerschieten maakte deel uit van het project *Sport op Maat*. De kinderen vonden de traditionele gymnastieklessen nogal saai en kregen daarom deze mogelijkheid. Geweerschieten op school. De lessen hadden plaats in de Klaas Bruinsmavleugel. Gezellig.

Opeens zie ik een jongetje dat zich bij de rector meldt. Hij vindt het traditionele geweerschieten saai en wil graag op *granaatgooien*. Of dat kan. De begripvolle rector regelt het. Een halfjaar later komt er een andere leerling vertellen dat hij graag op *zelfmoordcommando* wil. Dat suffe granaatgooien is namelijk voor watjes.

Ondertussen begrijp ik dat de schietlessen in Almelo gestopt zijn. Wie zal met het idee gekomen zijn dat het schieten beter kan ophouden? De conrector?

Het is een mooi beeld. De leerlingen hebben geen zin in gymnastiek en de bange leraren verzinnen gauw iets anders. Straks oppert een leerling dat de biologielessen zo saai zijn en of er niet een cursus hoerenlopen gegeven kan worden. Hoerenlopen voor beginners. Seksuele voorlichting in de praktijk. Er is vast wel een werkloze wethouder die gastcolleges wil geven.

Toch probeer ik me de lerarenvergadering op de Almelose school voor de geest te halen. De leraar die zijn vinger opsteekt en aan de directie voorstelt om schietlessen te gaan geven. De rector vraagt waar de leraar aan denkt? Semi-automatische wapens? Uzi's? Raketwerpers? Ik zie hoe het voorstel wordt aangenomen. Hoe zullen ze dat met de geluidsoverlast gedaan hebben? Zit je een proefwerk wiskunde te maken in een lokaal dat grenst aan de gymnastiekzaal, waar ze net bezig zijn met een lekker enthousiaste schietles. En natuurlijk gaat er ook wel eens wat mis. Er wordt natuurlijk wel eens iemand geschampt. Maar dat hoort erbij. Bij een ouderwetse voetbalwedstrijd verrekte iemand vroeger ook wel eens zijn kruisbanden.

Zal er op de opleiding Bejaardenverzorging al een euthanasie-afdeling zijn? Dat je leert hoe je een te veel aan insuline spuit of hoe je Drionpastilles door de andijviestamppot mengt? De lessen ouderwets kussendrukken worden goed bezocht. En is het een idee om de leerling-verpleegkundigen in de psychiatrie suïcidelessen te geven? Dat ze de patiënten een aantal mogelijkheden kunnen bieden. 'Vandaag beginnen we met elektrisch scheren in het bad! Volgende week doen we treinspringen en balkhangen!'

De schietlessen in Almelo zijn gestopt. Sommige leerlingen waren verontwaardigd dat de lessen na de moord op Hans van Wieren niet meteen waren opgehouden. Ik vraag me onderhand af wat in Almelo het alternatief wordt. Gifmoorden voor vrijwilligers? Deze lessen kunnen alleen facultatief gevolgd worden.

Is er een schoolinspectie? Is er een minister? Weten de inspecteurs en de minister dat er in Almelo een paar levensgevaarlijke psychopaten in de schoolleiding zitten? Echt types die rijp zijn voor het Pieter Baancentrum. Wordt het geen tijd om een zwaar bewapend arrestatieteam die kant op te sturen? Commando's.

Doodstil tuur ik naar het bericht op Teletekst. *School stopt omstreden schietlessen* staat er uiterst kalm. Het bericht eindigt met de arrestatie van een leerling op een Heerlense school. De jongen was in het bezit van een gaspistool. Hij was vast onderweg naar een tentamen.

Een koksschool in Amsterdam schijnt plannen te hebben om les te gaan geven in het bereiden van mensenvlees. De leerlingen vonden het bakken van een biefstukje te saai voor woorden. Nu leren ze hoe je lerarenlul sauteert en conciërgeniertjes klaarmaakt. Er worden diepgevroren Hutu's en Tutsi's ingevlogen. Rectorenhersenen bereiden is een kunst op zich. Die zijn trouwens ook heel moeilijk te krijgen. Die zijn zo verschrikkelijk zeldzaam.

Opzijtuigje

De draagzak waarin Willem-Alexander afgelopen woensdag zijn dochter mishandelde, schijnt een kangoeroe te heten. Wat bungelde dat hompie er treurig bij. Je zag aan die martelzak dat hij zo uit de verpakking kwam. Het ging hier om imago-opbouw. De regisseur zocht duidelijk naar een eigentijds, ontspannen beeld en heeft zijn assistente naar de dichtstbijzijnde Prénatal gestuurd om zo'n tuttig ding te scoren.

'Ze wandelen ontspannen door de tuin en dan filmen we dat'. Deze woorden vielen natuurlijk op de vergadering met de burgerlijke angsthazen van de RVD. En de marionetten deden dat braaf. Weten zij veel. Terwijl ze daar ontspannen door de tuin kuierden, waren een paar uitzendkrachten druk bezig om de cadeautjes op een tafel uit te stallen. Toen het kroonprinselijk paar daar omheen ging lopen mutsen en bejaard Nederland via hun onwetende dochter toesprak, moest ik denken aan de eerste beelden van een wilde Máxima, die dronken op een tafel in New York stond te dansen. De seks spatte ervanaf. Haar lijf was wild, haar ogen vonkten en haar stralende glimlach vermorzelde elke republikein.

En nu? Nu begin je bijna spontaan te sparen voor twee rollators en een beginvoorraad incontinentieluiers voor deze twee eenzame zielen. Wat een droefheid.

Ik selecteerde mijn vrienden vroeger op de kangoeroe. Als ik er eentje tegenkwam met zo'n lullige bungelbaby op zijn buik, schrapte ik hem onmiddellijk uit mijn adressenboekje. Geen draagvaders in mijn dampkring. Als ik nu een man met zo'n hangtuigje zie, krijg ik de meest verschrikkelijke beelden van de man thuis! Ik vrees voor een schort bij het koken, een zaterdagochtend zingend stofzuigen en het fluitend wegwerken van een stevige strijk. Met mannen die kunnen strijken, wil ik geen glas delen. Wat zeg ik? Geen druppel.

Het bedankfilmpje van het duo Lex & Max leverde weer aandoenlijke beelden op. Mijn tenen willen nu echt niet meer recht. Kilo's medelijden schoten door mijn vaderhart. De Belgische kroonprins en zijn vrouw konden er qua oubolligheid wat van, maar wij hebben de eerste plaats nu ruimschoots overgenomen. Wat een stijve harken en wat een slecht amateurtoneel.

Vroeger had Wim Sonneveld de prachtige conference van de stalmeester, die vertelde hoe alle krentenmikken en andere geschenken op Koninginnedag achter de rododendrons geflikkerd werden. Dat was meer dan dertig jaar terug. En je ziet: we zijn geen centimeter opgeschoten. Alle werkloze huisvrouwen uit Appelscha en Kootwijkerbroek hebben zich weer een paar tennisarmen zitten breien voor de kleine Amalia. Burgemeesters hebben officiële gemeentecadeautjes naar de baby gestuurd. We leven gewoon nog in de tijd van Swiebertje. Je ziet hem met zijn ambtsketen om de envelop dichtlikken. Het is 2004!

Alex en ik zien elkaar al jaren regelmatig en hij vroeg zich gisteravond wanhopig af: 'Wat moet ik dan? Moet ik dan zestig vuilniszakken op die tafel zetten en tegen het volk zeggen dat hun hartverscheurende gefröbel daar in zit? Dat wij gierend van het lachen al dat gepunnik in ontvangst hebben genomen en dat er al een grote container klaarstaat waar we de rotzooi na de uitzending inflikkeren?'

'Het zou wel lachen zijn,' kwam Máxima ertussen, 'en dan ga ik daarna op die lege tafel als een beest staan dansen. Net als toen. De bejaarden krijgen een spontane vogelgriep en bij de jongeren stijg ik in aanzien!'

'Ik vind alles best,' adviseerde ik mijn vriend Alex. 'Als je je maar nooit meer met die lullige kangoeroe vertoont. Je zakt echt door het ijs met zo'n Opzijtuigje. Het is voor watjes en onder-de-plakzitters'.

Lachend gingen we aan de witte wijn en tot diep in de nacht hebben we met zijn allen het echte leven doorgenomen. Alex heeft een fantastische imitatie in huis van de bibbergereformeerde Balkenende op bezoek bij zijn moeder. Over satire gesproken. Zelden heb ik Máxima harder zien lachen.

Toen ik thuiskwam, zag ik pas dat hij de draagzak aan de antenne van mijn auto had bevestigd. Er zat een briefje aan met de simpele prachttekst: Zullen we toch maar vrienden blijven?

Mijn antwoord is ja. Volmondig zelfs.

Neerlands Hope

Zachtjes murmelde de lieve prinses Juliana: 'Ik mag dan dement zijn, maar Benno is meer vergeten dan ik.' Hij moest in die open Volkskrant-brief wel erg veel rechtlullen. Gisteren schreef collega Max Pam al over het ongevalletje in 1937 in Diemen, waar hij zijn sportwagen met 160 kilometer per uur in een zandauto boorde. Prins Verstappen kwam ook nog van links. Hij verwarde zijn rijbewijs waarschijnlijk met zijn vliegbrevet.

Indirect schoof hij in de brief de schuld nog even in de schoenen van de vrachtwagenchauffeur, wiens dochter daar terecht zeer fel tegen protesteerde. Onmiddellijk kreeg zij een telefoontje van de bejaarde baard. Een telefoontje waarin hij overigens wel vergat zijn excuses aan te bieden. Maar goed: de oude man is 92. Wel leuk dat hij een goede vriend een nattevinger-onderzoek laat doen en dat hij dat daarna als officieel presenteert. Wat een schat. Ik hoop dat ik bescheidener dement word. Ondertussen vragen we ons allemaal wel af hoe de Parijse halfzus van onze Trix eruit zal zien. Moet Alex tante zeggen? Soms ben ik door en door republikein, maar na zo'n brief zweer ik weer voor een aantal maanden bij de monarchie. Die heerlijke poppenkast. Die lieve oranjesukkels, die zelf voor meer cabaret en satire zorgen dan alle cabaretiers bij elkaar.

Over poppen gesproken. Barbie en Ken gaan definitief uit elkaar. De pop Ken is eindelijk uit de kast en er wordt voor hem een vlotte Jamai-pop ontworpen. Een leuke brilnicht met wie hij verder door het plastic leven mag. En Barbie gaat door met een vrolijke gespierde en gebronsde Schwarzenegger. Komt het allemaal toch nog goed.

Ondertussen denk ik aan het showbizztype dat zelf naar het ministerie van defensie gebeld heeft met de vraag of hij in Irak mocht werken. Na weken nagelbijten hoorde de schat dat het mocht. Worden alle aanvragen van alle mannen in de war gehonoreerd? Hoeveel gekken bellen per dag? Hoeveel wartaal moet je uitslaan om erheen te mogen? Gaat de man voor zichzelf of gaat hij om de soldaten te vermaken? De man gaat voor zichzelf. Er is vast en zeker een cameraploeg mee om het grote ego te filmen. Misschien is dat nog wel het meest gênante. Wat een treurig erectiereisje. Volgens mij zitten die soldaten helemaal niet op een man te wachten, maar smachten ze in die woestijn eerder naar een stelletje zingende tieten tegen wie ze *broek uit, broek uit* kunnen roepen.

Maar het meest vertederende van de hele zaak vind ik dat de man zelf gebeld heeft. Hij is dus niet gevraagd. Nee, hij greep de telefoon en moest bij een of andere Karremans smeken of hij alsjeblieft naar Irak mocht.

Dan is je carrière wel erg tanende. Op mijn kantoor rinkelt dagelijks de telefoon met allerhande verzoeken, die wegens mijn overvolle agenda niet gehonoreerd kunnen worden. Regelmatig droom ik over het einde van mijn carrière. Het verschrikkelijke moment dat ik zelf theaterdirecties moet gaan bellen om te vragen of ik alsjeblieft een riedeltje mag komen babbelen. Uit dat soort dromen word ik dan zwetend wakker. Als het ooit zover komt dat deze dromen werkelijkheid zijn geworden, ben je eigenlijk zelf een cabaretnummer. Nee, Adam Curry en ik begrijpen helemaal niks van elkaar.

Alles is meer dan relatief. Dit stukje schrijf ik enkele uren na de begrafenis van een lieve vriend, die zes weken geleden hoorde dat hij ziek was en afgelopen zondag overleed. In de schaduw van de droeve dood viert iedereen maar lekker zijn eigen feestje. Of het nou een koninklijke rechtbreibrief is of een carrièrereddingsreisje naar Irak. De premier opende ondertussen de normen-en-waardencampagne en ik lach me helemaal scheel. Wat een prachtige poppenkast. De man die 26.000 mensen het land uit wil werken spreekt op strenge toon over normen en waarden. Gereformeerder kan het niet.

Op dezelfde begrafenis werd mijn eveneens bedroefde vriend en impresario Hans in de condoleancerij richting de weduwe aangesproken door een der gasten. Of hij twee vrijkaartjes voor mijn show kon regelen. Ik ga emigreren. Waarheen? Naar Irak. Ik word roepende in de woestijn. Zonder camera's.

Zweefplee

Toen mijn vrouw en ik ons huis lieten verbouwen vroeg de aannemer wat we met de toiletten wilden.

'Witte tegels en goed licht, zodat we kunnen lezen,' was ons overduidelijke antwoord. Niks meer. Niks minder. Nu moesten wij de verbouwing zelf betalen, dus dan kijk je er heel anders tegenaan. Zo ga ik ervan uit dat de Joustraatjes thuis veel eenvoudiger schijten dan bij papa op het UWV. Het gerucht gaat dat Tjibbe het 's morgens thuis vaak ophield, zodat hij op de zaak lekker luxe kon zitten. De chauffeur zag hem in de achteruitkijkspiegel van de uitkeringslimousine in de meest krampachtige houdingen kronkelen en een onverwachte file was dan ook verschrikkelijk voor de hoge ambtenaar.

Aangekomen op de zaak rende hij als een gek naar de directie-etage. Hij keek nog even vlug naar de 50 vergaderstoelen van 2000 euro per stuk en nam vervolgens zuchtend plaats op de overheerlijke zweefplee. Na de opluchtende stoelgang plofte hij op een van de bankstellen van 10.000 euro per bank om eens goed na te denken over de positie van de gemiddelde steuntrekker. Heerlijk om te weten dat mijn belastinggeld kwalitatief goed besteed is.

Nou komt natuurlijk de morele en ook wel burgerlijke vraag: moeten ze dan op Ikea-stoelen vergaderen? Het antwoord is: ja! Dan vergaderen ze namelijk ook veel korter. Nu zitten ze hele dagen met elkaar te *loungen*. Lekker *chillen* boven de nieuwe WAO-plannen. Ik zou ook niet naar huis willen als ik met mijn ambtenarenreet een paar uur in zo'n designzetel mocht hangen. Moest ook weer erg lachen om de grootte van de vergadertafel. Die is dusdanig breed dat je vooraf een verrekijker krijgt uitgereikt. Na afloop is iedereen hees van het schreeuwen. Ik word er steevast vrolijk van. Mensen zien protsen met het geld van anderen. En dan nog te bedenken hoeveel aannemers hun zakken gevuld hebben bij de bouw van het UWV-stulpje. Ik ga er toch van uit dat het pandje voor de helft van de prijs gebouwd had kunnen worden. Door wie is het pand ooit geopend? Door mevrouw Jorritsma? Of door het VVD-Kamerlid Hofstra? Wat stond die gozer indrukwekkend te stotteren en te stamelen toen hij moest toegeven dat hij jarenlang zijn broer had geholpen bij het bouwfrauderen. Zelden een grappiger beeld gezien. Men liet hem traditiegetrouw heel kort zweten. Anders is het namelijk zielig. Dan krijgen je collega-Kamerleden medelijden.

Minister De Geus mocht donderdag ook niet al te lang bungelen. De VVD moest snel zeggen dat het bij een deukje bleef. Anders werden de fracties van het CDA en D66 boos. Het was zielig voor de jokkende minister, die binnenkort moet uitleggen waarom hij de uwv-top tóch een gouden handdruk heeft moeten meegeven. Als je vanmiddag in de Gamma loopt, kom je de familie Joustra daar niet tegen. Die zijn dit weekend namelijk naar een toilettenjuwelier in Monaco om een natuurstenen wc-pot uit te kiezen.

Binnenkort, als de afkoopsom binnen is, gaat de familie pas echt lekker verbouwen. Wie de verbouwingen gaan doen? Ik denk dat de man van Annemarie Jorritsma de klus samen met de broer van Kamerlid Hofstra gaat klaren. Die bouwers zijn gewoon zware criminelen en als ik die humorloze doch rechtvaardige Donner was, zou ik Koos Plooy met een raketwerper op dit gajes zetten.

Hiep Hiep Hoera

Ik kijk glimlachend naar mijn vaderland. In Bergen aan Zee is op de hoek van de Zeeweg en de Elzenlaan afgelopen herfst een rotonde aangelegd. Niemand weet waarom. Ik kom daar al jaren enkele keren per week en heb op die hoek nooit langer dan drie seconden stilgestaan. Toch kwam er een rotonde. Ze zijn er vier maanden mee bezig geweest. Het werk werd uitgevoerd door de firma Koop Tjuchem. Dan hoef ik niemand verder iets uit te leggen. Hoeveel Bergense ambtenaren zijn er op kosten van de wegenbouwer naar de hoeren geweest?

Woensdagavond verliet ik het Zoetermeerse Stadstheater en zag in de parkeergarage een bordje hangen met de tekst *Invalideparkeerplaatsen op de vijfde etage.* En dan maar zeggen dat ambtenaren geen gevoel voor humor hebben. Je ziet de bouwvergadering. De aannemer heeft net aan de commissieleden de wintersportreisjes en bordeelbezoekjes uitgedeeld (de voorzitter mocht zelfs op de wintersport naar de hoeren!) en dan bedenkt de vergadering dat ze de invalideparkeerplaatsen vergeten zijn. Doe maar op de vijfde etage, is de oplossing, dan hebben we er maar een paar nodig.

Wat is humor? Een Israëlische buschauffeur die Rennies uitdeelt tegen het opgeblazen gevoel? Een Nederlandse soldaat met een geweer, die nog geen waarschuwingsschot mag lossen? Waarom dan dat geweer? Hij mag alleen op nichterige toon roepen: 'Joehoe!!! Ophouden! Niet plunderen jurkboys! Doe nou niet zo flauw'.

Humor ligt op straat. Net als de sneeuw. Vijf centimeter en het welvarende Nederland loopt totaal vast. 860 kilometer file. Stilstaande treinen. En nu heeft de winter van 2004 maar drie uur geduurd. Kan je nagaan als de winter een echte winter was geweest. Dan waren er reddingsacties uit Duitsland gekomen. Heuse evacuaties.

Ik dwarrel door de krant en zie een poster van twee zoenende hoofddoekjes. Autochtone homo's willen dat de *islamietjes* uit de kast komen. Waarom? Er zijn zo langzamerhand toch genoeg homo's? En waarom moet iedereen zijn seksuele geaardheid tonen? Met mijn lieve ouders had ik het nooit over hun geaardheid. Ik hoorde later pas dat ze hetero waren.

Wat is humor? Een vriendin vertelde mij dat na de cremmatie van haar grootvader de poes zoek was. Het hele huis werd afgezocht. Het beest verstopte zich wel vaker een dag of wat op zolder. Men dacht aan dierenverdriet. Er waren zelfs psychologen die dit *rouwgedrag* van de poes verklaarden. Oma moest gerustgesteld. Poezen liepen ook wel eens een dag of wat weg. Op zoek naar de overledene. Oma was ontroostbaar. Eerst opa dood en nu ook de poes nog pleite. Drie dagen later stond er in de krant dat een van de crematiekraaien ontslag had genomen. Overspannen. Hij had bij het in de oven schuiven van de kist van een oude man een afschuwelijke kreet gehoord. Niemand heeft het oma durven vertellen. Sterke begrafenisverhalen zijn altijd leuk. Dertien jaar geleden werd mijn zoon geboren. Het was groot feest in ons huis. Veel taart en nog meer bloemen! Na een dag of drie werd er aan het eind van de middag een sober bloemstuk bezorgd. Ik pakte het aan en voor ik de deur dichtdeed, hoorde ik de chauffeur al wegrijden. Ik zocht naar het kaartje, maar zag een lint. Een klein, zachtgroen lint. Met gouden letters stond gedrukt: *Een laatste groet – Familie Hendriks.* Ik begreep de vergissing, zocht naar de naam van de bloemist en belde onmiddellijk. Antwoordapparaat. De volgende ochtend hing ik om acht uur aan de lijn. De bloemist in paniek. Hij had het reeds begrepen. De verbolgen familie van de overledene had ook al gebeld. Toen zij 's avonds in de rouwkamer kwamen, stond er op moeders kist een groot vrolijk wit boeket. Met daaraan een kaartje met de frivole woorden *Hiep Hiep Hoera! – Herman van Veen.* Als het nou nog een kaartje van een of andere vage familie Jansen was geweest. Maar Herman van Veen!

Een mooie draai naar het theater. Theater en humor. Ik ben al jaren fan van Mini en Maxi. Zag ze halverwege jaren tachtig voor het eerst in het Nieuwe de la Martheater en heb daarna alle voorstellingen gezien. Met bewondering. Grote bewondering zelfs. Razend knap hoe zij een afgeladen zaal lieten lachen en soms bijna huilen. Zoveel mooie nummers gemaakt. Ouderwets variété. Zat vaak op het puntje van mijn stoel. Pas geleden sprak ik een optimistische Peter. Zijn hernia kwam helemaal goed, dacht hij. Maar helaas. Het gaat hem niet lukken. Jammer? Heel jammer zelfs. Ze stoppen ermee. Ze kunnen niet anders. Geen half werk. Ik maak een diepe buiging naar twee grote collega's. Ze komen terug. Dus geen *Laatste groet*! Maar zeker geen *Hiep Hiep Hoera*. Integendeel. Ik neem mijn hoed met veer af en leef met ze mee.

Jordanees poetsen

Was op reis. Vakantie? Nee, mijn dochters laten besnijden nu het nog kan. Op de terugweg in Frankrijk meldde ik me bij zo'n groen knipperende pharmacie. Ik zocht tandpasta en kon kiezen uit zeer verantwoorde en bijzonder dure tubes. De apotheker met zijn bijna montuurloze brilletje hield er een heel verhaal bij.

Mijn tanden werden witter, mijn tandvlees rozer en mijn adem een wilde, verfrissende oceaanbries. Atlantisch wel te verstaan. De prijs was zeven euro, maar dan had je ook wat. Ik kon ook nog kiezen uit andere wetenschappelijk geteste tandpasta's. Op de verpakking stonden tekeningetjes waarmee werd uitgelegd wat de rommel allemaal met je gebit deed. Er werden vitaminen en kalk toegevoegd, de dreigende gaatjes sloten vanzelf en mijn bek zou meuren als een Zwitserse alpenweide. Ik kwam niet meer van hem af. Was ik nou maar gewoon de plaatselijke supermarché ingestapt om een simpele tube ziekenfondsprodent te scoren, dan was ik overal van af geweest. Ik zwichtte voor deze Homais van Arles en liet mij voor negen euro vijftien iets op basis van macrobiotische diepzeealgen aanpraten.

Op dat moment bedacht ik dat ik ook aan een nieuwe borstel toe was. Ik kon weer kiezen. Van opgesteven dassenvacht tot Tsjechisch trollenschaamhaar dat niet alleen borstelde, maar ook weldadig masseerde. Ik wilde al die rotzooi niet. Ik wilde hard. Keihard. Doodgewoon nylon. En het liefst wilde ik een Jordan. Een ouderwetse Jordan. Die had je vroeger in soft, medium en hard. En in wel duizend kleuren. Vooral dat laatste was belangrijk. Een eigen kleur tandenborstel in het familiebekertje in de badkamer. Geen risico dat wie dan ook zijn gebit met de jouwe boende.

Vroeger kocht mijn moeder ze met tientallen tegelijk. Als je een nieuwe wilde, liep je naar het laatje en pakte er een. Altijd Jordans. Harde geselende schrobborstels. Met scherpe Medinos tandpasta! Na een stevige poetspartij mocht je best een beetje bloeden. Lekker zelfs.

Ik praat nu over het pre-elektriektijdperk. Dat heb ik overigens altijd aanstellerij gevonden: een elektrische tandenborstel. Wat een getut. De batterij het werk laten doen. Poetsen moet je zelf doen. Hard en stevig! Elektrische tandenborstels hoorden bij Gooise rijkeluisvriendjes. Echte mannen poetsen met de hand. Echte vrouwen trouwens ook!

Maar een aantal jaren geleden verdween de harde Jordan. Heel langzaam en onzeker, maar hij vertrok uit de schappen. Er was geen vraag meer naar, jokten de verkoopsters. De importeur had hem niet meer in zijn assortiment. Je zag er de meest rare borstels voor in de plaats komen. Met verende spiraalstelen, rubberen handgrepen voor een betere grip bij het poetsen en borstels met vreemde punten en kussentjes, zodat je de anders onbereikbare hoekjes ook schoon kon vegen. Prullen. Rotzooi! Ik smeekte de Albert Heijncaissières en de drogisterettes van De Trekpleister, de Etos en Het Kruidvat om me te helpen aan een oude vertrouwde Jordan. Ik schreef naar de importeur, mailde Ahold, De Bijenkorf, V&D en alle andere borstelboeren. Ik kreeg vage antwoorden. Dingen verdwijnen. Zo is het leven. Een flesje Joy of Perl is ook niet meer te krijgen. Wat dat was? Limonade.

Gisteravond stond ik in mijn Franse hotelbadkamer met een designborstel en een pasta die het midden hield tussen ansjovis, Dijonmosterd en bunzingoorsmeer. Kotsend probeerde ik er wat van te bakken. Kokhalzend smeerde ik de rommel met het ergonomisch verantwoorde zwabbertje op mijn gebit. Niks poetsen. Dweilen was het. Lappen. Sponsen. Zemen. De hele nacht slecht geslapen. Had het gevoel dat een kerkkoor van microben de Matthäus Passion op mijn kiezen repeteerde.

En vanaf nu pik ik het niet meer. Ik wil een Jordan. Een ouderwetse Jordan Hard!

Ik schreeuw het via de krant. Vraag de echte poetsers onder u om met mij mee te protesteren. Er moet een Jordan Actiegroep komen. Een patiëntenvereniging. Stille tochten! Terreur mag als de importeur weigert. Wij willen gewoon ouderwets borstelen.

Hard en bloedig! Ik smeek om de terugkeer van de klasssieke, batterijloze Jordan! Poetsers aller landen verenigt u!

Octopussy

Seks met dieren wordt verboden. Hoe vertel ik het mijn inktvis? Al jaren staat bij ons in de kelder een groot aquarium met daarin een uiterst vrolijke en dartele inktvis. En laat ik maar met de deur in huis vallen: we hebben het leuk. We hebben het hartstikke leuk zelfs. Details zal ik u besparen, maar twee keer per week mag ik graag een duik in het bassin nemen en dan zijn we samen al gauw een paar uurtjes zoet. Als ik de sleutel van de kelderdeur omdraai en het licht aanknip dan hotst en klotst hij in zijn subtropische zwembadje. Zelden zo'n blije homoseksuele inktvis gezien.

Jaren had ik een relatie met de pony van de kinderen, maar dat werd op den duur saai. Erotisch gezien dan. Je kan met een pony niet veel. Het is eigenlijk altijd hetzelfde. Het beest staat in de wei, jij staat erachter en op een gegeven moment kijkt zij geïrriteerd om met zo'n blik van: hoe lang nog? Er is weinig lust bij de pony. En het gaat natuurlijk niet alleen om je eigen opwinding. Je wilt dat de Shetlandse zelf ook aan haar trekken komt.

Ik ben begonnen in mijn puberteit. In *De hond met*

de blauwe tong van Jan Wolkers doet een van de figuren het met een kip. Hij neemt het beest in alle vroegte in haar nog warme eitunnel. Diezelfde week begon ik in onze kleine achtertuin een hok te timmeren en kocht ik een stuk of wat *Poules den Dungen*. Dat is een mooi, slank, zacht tegenspartelend Brabants kippetje. Bijna nooit hoofdpijn en zeer aanhankelijk. Het vervelende van kippen is dat ze eigenlijk alleen maar in de open lucht willen hutseflutsen en op mijn toenmalige achtertuin keken nogal wat andere huizen uit. Een paar pottenkijkers oké, maar een halve straat die staat mee te loeren werd me gewoon te gortig.

Een paar vrienden van mij doen het wel indoor met een kip, maar die kip is dood. Sterker nog: ze gaan voor de diepvries. Vele malen hebben ze me uitgelegd hoe sensationeel het is, maar mij heeft het nooit kunnen bekoren. Ik vond het gewoon koud. Kreeg zelf kippenvel.

Al gauw heb ik bij mijn vakantiehuisje op de Veluwe een schaap genomen. Dat was vooral voor de gezellige seks. Een schaap houdt altijd de trui aan en kan op het moment suprème subliem blaten. Opwindend zelfs. Maar het seksleven met een schaap is, net als met een pony, op den duur eentonig. Je hebt verder door de week weinig contact. Je kan niet flirten, verleiden, versieren.

Aan knaagdieren, zoals konijnen, cavia's en hamsters heb ik me nooit gewaagd. Ik vind de knaagbeffers geen prettig volk. Het is een bepaald slag. Tikje ordinair, beetje achterbaks en sinds ik weet dat sommigen dag en nacht een marmotje in hun aktetas of binnenzak hebben, wil ik helemaal niks meer met dit soort te maken hebben. Een muis in mijn hol heb ik een keer geprobeerd, maar dat is me ook niet echt goed bevallen.

En toen ontmoette ik Joke, mijn therapeute, die mij ook ooit aan het breien heeft gekregen en zij vertelde dat de duikers op de Virgin Islands hele fijne ervaringen met inktvissen hadden. Dus ik daarheen voor een simpel snorkelweekend en het was eigenlijk meteen raak. Ik had al heel gauw contact met een wat oudere inktvis, die mij veel geleerd heeft. Vooral tederheid. En ik was binnen een half uur verslaafd. Het was in een keer zo veel, zo overweldigend. Al die tentakels tegelijk. Het is een niet te omschrijven totaalervaring. Ik ben nog drie, vier keer teruggeweest en heb toen uiteindelijk een jonge inktvis meegenomen. Een jongetje. En ik heb hem de eerste kneepjes geleerd. Het was even onwennig in het begin, maar al gauw waren we helemaal los. We hebben een totaal vrije spartelrelatie, waarin alles mag. Behalve pijn. We doen elkaar absoluut geen pijn. Maar dat moet ik nu dus wel doen. Zondagmiddag half vijf ga ik het zeggen. Ik hoop dat u op dat moment zacht aan me wilt denken. Wat ik daarna met hem ga doen? Frituren.

Geldkistjes

Hoe komen de Kistjes de winter door? Het was binnen ons gezin een dagelijks terugkerend item. Ik heb het uiteraard over de hoogste baas van ING en zijn gezin. Er waren geruchten dat de familie wekelijks door de huis-aan-huisbladen scharrelde om te kijken wie de beste appelmoesaanbieding had: de Edah, de Lidl of de Aldi. De kleine Kistjes liepen onderhand diverse krantenwijken en waren dolblij met de zondagskrant van *De Telegraaf.* Dat betekent een dag extra werk. We wilden graag helpen. Ik overwoog een benefietvoorstelling.

Maar gelukkig is er een eind gekomen aan de schrijnende situatie. De Kistjes zijn gered. Ewald heeft opslag gekregen. Hoeveel? Vierenzestig procent.

Hoe geef je jezelf als bestuursvoorzitter een opslag van vierenzestig procent? Word je op een ochtend zeer tevreden wakker en besluit je onder het scheren om het op de agenda te zetten? Of bel je eerst je vrindje de commissaris? En hoe kom je aan vierenzestig procent? Als je met de bonden onderhandelt, zit je kinderachtig te mierenneuken over 2,3 procent. Hooguit. En daar gaat meestal een derderangs amateurtoneelstuk aan vooraf. Maar hoe vertel je aan je collega's dat je vieren-zestig procent loonsverhoging wilt?

Geef je op de golfclub minder rondjes? Leen je af en toe een tientje bij je chauffeur? Laat je het bij de melk-boer opschrijven?

De vergadering van de Raad van Bestuur: stuk of zes van die heteaardappeltypes bij elkaar en dan opeens komt het salarisverhoginkje van Ewald ter sprake. Moet hij even de kamer uit? Zien we hem een kwartier-tje ijsberen op de gang? Of mag hij gewoon meestem-men? En wat krijgt de rest? Je moet compenseren. Want je kunt natuurlijk niet vierenzestig procent uit de ruif graaien en de rest gewoon twee procent geven.

Vierenzestig procent mag je toch gerust een gênante verhoging noemen. Natuurlijk moet je het internatio-naal zien en mag je niet te polderig denken en zijn dit soort bedragen in het buitenland heel normaal, maar toch: een salarisverhoging van vierenzestig procent. Ik zou het niet zonder schaamrood durven aansnijden.

En hoe kwam Ewald thuis? Riep hij heel hard 'Joe-hoe' naar het vrouwtje? Legde hij haar meteen plat op het tuttige countrybankstel? Werd het gevierd met een etentje? Op naar de Chinees! We hebben het over ton-nen euro's.

En hoe loopt Ewald nu door het kantoor? Opgehe-ven hoofd? Zo'n blik alsof er niks gebeurd is. Hij weet natuurlijk hoe hij door het personeel gezien wordt. Ge-woon een geile graaier. Niks meer, niks minder. Hebbe-rig type. Tikje ordinair ook.

Natuurlijk is Peter Paul de Vries boos en uiteraard

zal hij op de komende aandeelhoudersvergadering wat vervelende vragen stellen. Maar de antwoorden liggen al klaar. De Kistjes lachen erom. Vinden de vragen hooguit hinderlijk.

Vierenzestig procent loonsverhoging. Als ik de werkster van de familie was, zou ik minimaal een bloemetje sturen. Al is het maar om ze te laten voelen dat je het weet. Wat ik op het kaartje zou zetten? Gewoon heel simpel: het zal mij benieuwen!

En hoe reageert de buurt? Ik ga er toch van uit dat de Kistjes tussen de andere rijken wonen en dat er op de buurtborrel hevig geroddeld wordt. En het zet natuurlijk kwaad bloed bij de dames. Die beginnen voor het slapen zuur tegen hun mannen te azijnen: 'Ewald kreeg vierenzestig procent! Hoor je me? Vierenzestig procent!' En dat gaat natuurlijk door. ABN-AMRO blijft niet achter. Die mannen kennen elkaar, lunchen samen op *De Groote Club* en dan kan je natuurlijk niet met een zeikerige stijging van een paar procent aankomen. Dan ben je een regelrechte loser. Dus let op mijn woorden: de komende weken komt er een revolutie. Topmannen verdriedubbelen hun salaris. Acht tot negen miljoen euro is volkomen normaal. Opties, premies en andere uitkeringen vliegen door de villawijken. Rijkman Groenink laat het er niet bij zitten, Jeroen van der Veer smeedt plannen en Edje Hamming zit al zes dagen dag en nacht bij zijn accountant. Ewald heeft een trend gezet. Ewald is hun held. De Robin Hood van Wassenaar. Heerlijk. Ewald bedankt!

Respectloos

Mijn moeder was een koningin! Een regelrechte schat. Tien jaar geleden overleed ze en we hebben haar met een diepe buiging begraven. Alles wat haar lief was stond rond de kuil. Er stond geen hufter tussen. Het regende verschrikkelijk.

Nu is de moeder van Trix dood. Gedoofd als een waxientje. Ze is wel chic gestorven. Terwijl de rest van bejaard Nederland verzoop in de eigen urine, één keer per maand mocht douchen en glutonpuree en voorgekauwde schnitzels tot zich moest nemen, luisterde de demente prinses in het duurste verzorgingstehuis ter wereld (één patiënt en negentig man personeel!) naar de laatste vogeltjes. En nooit op een wachtlijst gestaan!

Wat mij het ergste lijkt, is dat je als koningin je moeder niet gewoon gezellig mag begraven. Normaal roep je de familie bij elkaar, huil je een paar liter en graaf je een kuiltje! Zand erover. De laatste adem is geblazen en wat zijn we dan nog waard? Niks toch. Toen Yassin uit zijn rolstoel was geblazen, lag hij binnen een paar uur onder het droge woestijnzand. Zo gaat dat.

Iedereen roept nu om het hardst dat Juul zo menselijk was. Vond ik ook. Ze vluchtte toen het oorlog was, zocht in haar wanhoop over haar bijna blinde dochter een tijdje steun bij een soort Jomanda en hield tijdens de Lockheed-affaire haar graaiende man de hand boven het hoofd. Zeer gewoon en uiterst menselijk gedrag. De laatste interviews met haar waren het leukst. Ze kreeg gezonde schijt aan het belachelijke protocol en riep zowel tegen Mies als Maartje de vrolijkste dingen. Iedereen genoot ervan.

Juliana was nog koningin in de tijd dat allerlei treurige provincio's op 30 april na het aanbieden van de meest smerige lokale kruidkoeken achteruit de bordestrap af moesten. Je mocht de koningin de rug niet toekeren. Jammer dat niet een van die kinkels ooit zijn heup gebroken heeft. Dat waren nog eens tijden.

Juist Juliana heeft dat afgeschaft. Zij wilde gewoon, gewoon en nog eens gewoon! Ze schreeuwde het bijna tegen Mies. Wat een leuke vrouw, dacht ik toen. En nu de beelden herhaald werden, denk ik het nog steeds.

Dus mijn vraag is waarom er niet wat meer respect is voor Juliana. In haar laatste interviews liet ze duidelijk weten dat ze een doodgewone oma was. Een moeder. Een echtgenote. Niks meer, niks minder. Dit wordt ook steeds door iedereen aangehaald. Waarom dan na haar dood al die poespas? Waarom dat gezeul met het lijk van die schat? Zelfs het autoritje van Baarn naar Den Haag kwam rechtstreeks op televisie. Je moet je als land toch echt collectief te pletter vervelen als je hier tijd en geld voor hebt.

En nu ligt ze een weekend opgebaard en trekt een leger truttige bodywarmers en sneue mannen langs haar kist. Voyeurs, die eerlijk toegeven dat ze wel eens een glimp van het paleisinterieur willen opvangen. Bij Claus trokken negentigduizend zachtgestoorden langs de baar en ik vrees dat Juliana er veel meer trekt. Vorige week de Huishoudbeurs en deze week de kist van Juul.

Waarom wordt de lieve Juliana niet met rust gelaten? Waarom laat de koningin dit circus toe? Waarom laat ze al die gluurders in haar tuin? Daarom snap ik Bernhard zo goed. Hij zit heerlijk in Soestdijk en heeft al laten weten dat hij nog niet zeker weet of hij er dinsdag bij de begrafenis wel bij is. Benno, zoals de anjerprins door zijn vrouw altijd liefkozend genoemd werd, heeft gelijk. Waarom zou je je verdriet delen met gestoorde onderdanen uit Cadzand en Boxmeer? Waarom zou je je laten filmen op het moment dat je jankt om het verlies van je vrouw? Waarom zou je tussen types gaan zitten die er alleen maar zijn omdat ze een bepaalde functie bekleden? We hebben het over de dood. Het afscheid! Het slot van een leven. Ik zou ook weigeren. Het gerucht gaat dat hij donderdag achter de bommeldingen op de diverse stations zat.

'Het lijk van mijn vrouw is geen attractie,' schijnt hij door de paleisgangen geschreeuwd te hebben. En terecht.

Wat ik dinsdag doe? Ik drink een borrel met Benno! En een stevige ook. Waarop we drinken? Op Juliana en op de republiek!

Ordecoaching

Even dacht ik aan een aprilgrap, maar dat was het niet. Het gebeurde afgelopen weekend. In het Gooi. In een groot huis. Bij een chique familie. Hockeyers. Er was een kinderfeestje. Een partijtje. Alle vriendjes en vriendinnetjes van de kleine Floris-Jan waren uitgenodigd. Het ging om een verjaardag. Nou en, zult u zeggen. Wat is er tegen een verjaarspartijtje? Niks. Maar om wiens verjaardag ging het? Om die van Floris-Jan? Nee, die was al jarig geweest. Het ging om de verjaardag van de knuffel van de kleine Floris-Jan. De knuffel werd drie. Er zijn uitnodigingen verstuurd, er was taart, limonade en er hingen slingers. De kinderen namen cadeautjes voor de knuffel mee. Waarom werd de verjaardag van de knuffel gevierd? Omdat Floris-Jan dat graag wilde. Anders ging hij huilen. Hij heeft het partijtje er doorheen gedramd. Fijn kereltje die Floris-Jan. Door zijn ouders in de beste kakkerstraditie uiteraard FJ genoemd.

Mijn zus en ik speelden vroeger op zolder dat haar pop jarig was. En dan gaven we ook een partijtje. We krabbelden uitnodigingen. Wie er mochten komen?

Mijn moeder en mijn broertje. De rest had geen zin om aan deze flauwekul mee te doen. Het partijtje duurde niet langer dan tien minuten. Een mariakaakje speelde voor taart en een glas water was de limonade. Dat was het spel dat we binnenshuis speelden. Niemand wist dat. Gezinsgeheimen.

Maar nu, in het Gooi, organiseren ouders bloedserieus een partijtje voor de verjaardag van de knuffel van de kleine FJ. Zinlozer kan het leven toch echt niet meer worden!

Nog een aprilgrap die geen aprilgrap is? In dezelfde buurt werden reclamefolders door de brievenbus geduwd. Dat is niet gek, zult u zeggen. Nee, dat is zelfs normaal. Maar het ging niet om het krantje van de Hubo of de Aldi, maar om een aanbieding van een mevrouw. Zij bood zich aan als ordecoach! Als wat? Als ordecoach! Wat dat is? Zij komt helpen als je huis een puinhoop is geworden. Je hebt tientallen dozen met kinderfoto's, zakken vol babykleertjes en een warenhuisafdeling aan oude skispullen. En het komt er maar niet van om daar eens orde in te scheppen. Dan bel je de ordecoach. Je bent namelijk zelf te druk met golfen, de hockeyclub en het organiseren van de verjaardagspartijtjes van de knuffels van FJ, PB en WW. Kortom: geen tijd om op te ruimen.

Misschien wil de coach ook de wijnkelder van je man op streek, kleur en jaartal leggen. Ik heb inmiddels begrepen dat de coach niet een eenmalige opruimer is, maar je levenslang blijft begeleiden. Anders kan je net zo goed de werkster een dagje extra laten komen. Nee, de ordecoach leert je hoe je systeem kunt aanbrengen in je overbodige rotzooi. Zij maakt mappen, dozen, ordners en zet de boel op volgorde weg. Wel samen met jou. Jij moet het kunnen terugvinden. Jij moet weten waar de map kindertekeningen staat. Er zijn drie mappen kindertekeningen. Een map van FJ, een van PB en een van WW. Rest de vraag of de knuffels van FJ, PB en WW ook een eigen tekeningenmap krijgen. Ik zou die beslissing aan de ordecoach overlaten. Het hangt natuurlijk van de grootte van de zolder af. Hebben FJ, PB en WW ook al een eigen peuterpsych? Komen die rapporten in het peuterpsychmapje? Wat zegt de ordecoach daarvan? En de poppendoktersrekeningen? Krijgen de knuffels een eigen medisch dossier? Misschien is het leuk om aan de ordecoach te vragen of ze een aparte cadeautjesdoos voor de knuffels wil maken. Het handigste is op jaar. Dat de knuffel later kan zien wat hij op welke verjaardag kreeg.

Zullen de chique types ook hun dozen met voorkennis bewaren? En de salarisverhogingen van vierenzestig procent die ze zichzelf hebben toegekend?

En een afdeling liefdesbrieven is natuurlijk belangrijk. Diverse dozen met puberale hijgpost. En echtscheiding een, twee en drie mogen ook niet ontbreken. En de liefdesbrieven van FJ, PB en WW. En de liefdesbrieven van de knuffels van FJ, PB en WW. Weet je nog dat Aap met Beer ging? Dat was pas een leuke tijd!

Kijkdoos

Voor de burelen van de Spaanse roddelredacties staan lange rijen derderangs snollen om in ruil voor een aanzienlijk bedrag te vertellen waar en hoe ze het met de gelukkig gehuwde David Beckham hebben gedaan. En niet alleen met Beckham. Een triootje met twee Madrileense voetbalvedetten op een discotoilet was ook heel gewoon. En een orgie met het hele elftal schijnt ook voorgekomen te zijn. Heeft zo'n dame toch voor een paar honderd miljoen aan voetbalvlees in haar bed gehad. Nu snap je nog beter waarom de voetballers in het muurtje hun handen zo angstvallig voor hun klok-en-hamerspel houden. Ze moeten 's avonds nog uit.

Wel leuk dat Nederland ook meedoet in de affaire. En nog wel via de diplomatendochter Rebecca Loos. Haar naam vlamt op de tabloids. Mede dankzij haar praatgrage broertje, die stevig uit de doeken heeft gedaan hoe zijn zus ontroostbaar onder haar liefdesverdriet leed nadat Beckham haar gedumpt had. Loos geloosd! Dit is haar zoete wraak!

Het zal een spraakmakende echtscheiding worden.

Honderden roddeljournalisten zijn van hun paasverlof teruggeroepen en moeten zich gaan verdiepen in de ex-Spicegirl en haar man. Kan je bij de bookmakers inzetten op de hoogte van het bedrag dat David binnenkort moet neertellen? Groot-Brittannië siddert, Spanje smult en de rest van de wereld geniet mee met volle teugen.

Zal die Beckham op een gegeven moment een Santegoedsachtige kwal op zijn bek timmeren of draagt hij zijn lot en laat hij zich net als in zijn betere periode gedwee filmen en fotograferen?

Begreep uit de krant dat we inmiddels ook het wel en wee van de zingende toupetnicht Gerard Joling kunnen volgen. Volgens mijn ochtendblad is het ordinairder dan ordinair. Dus dan zal het wel goed bekeken worden. Ik heb begrepen dat het leven van de wandelende Prozacpot Patty Brard ook een groot succes is. En bij de Frogertjes mogen we ook al binnenkijken. Net als bij de Bauers en de Pfaffjes. Gisteren las ik weer iets nieuws: Katja Schuurman wordt vanaf 21 april de hele dag gevolgd door een cameraman. Hij wijkt geen seconde van haar zijde. En je kan dan op je mobiele telefoon of op het internet live zien waar de schat uithangt. Tegen betaling uiteraard. Dus vlak voordat ik ga slapen, kijk ik even op mijn mobieltje waar *Katja de Kijkdoos* zit! Het schijnt dat je haar dagelijks leven ook kunt volgen via het stationsblaadje Sp!ts en via het hoogbegaafde Radio Noordzee. Moet je je als ouders van het voormalige soapsterretje zorgen maken? Vragen die mensen zich wel eens af waar het mis is gegaan? Wanneer grijp je als liefhebbende ouders in?

Volgens mij zijn we met zijn allen echt ten einde raad. De totale verveelkanker woekert door ons hopeloze bestaan. Gisteren droomde ik dat mijn leven *versoapt* werd. De Van 't Hekjes hadden dag en nacht een cameraploeg in huis. En het werd ruzie. De kinderen waren naar bed en mijn vrouw en ik zaten te lezen. Allebei in een boek. De regisseur vond het nogal saai. Wat hebben de kijkers nou aan een lezende man en een lezende vrouw? Ik wist het ook niet, maar het was niet anders. En of die klassieke muziek af mocht! Dat scheelde kijkers. Ze wilden de cabaretier in actie zien. Ik stelde voor om koffie te gaan zetten. Was ook weer saai.

'Zal ik anders de vuilniszakken buiten zetten?' probeerde ik. Ook afgekeurd.

De regisseur stelde voor dat ik zou masturberen.

'Maar dat leest niet lekker,' opperde ik.

Ruzie mocht ook. Dat ik mijn vrouw zou uitschelden voor tyfushoer en kankerslet.

'Maar ze zit gewoon te lezen. Dan ben je toch geen tyfushoer. Hooguit kan ik boekensnol tegen haar roepen. Of letterhoer. Maar verder kom ik niet,' overtuigde ik de wanhopige regisseur. Toen werd ik gelukkig wakker. Naast mijn vrouw, die mij 's ochtends vertelde dat ik het in haar droom met een Spicegirl en Patty Brard deed. En dat David Beckham dat allemaal filmde met zijn telefoon. Die seinde het weer door naar Katja Schuurman die er erg van genoot. En dat zagen we

weer op internet, terwijl je ook alles kon volgen op
www.youp.nl. Daar kunt u trouwens binnenkort ook
mijn suïcide zien. Live!

Zaksproetjes

Rebecca Loos is los. Ze toont op de televisie de eroti-sche sms'jes van haar minnaar David, vertelt dat ze al-lerlei intieme details van de topvoetballer kent en ze is bereid deze vunzige feiten onder ede te onthullen. En dan? Moet de voetballer daarna zijn voetbalbroekje la-ten zakken om aan het volk zijn wel of niet besneden lid te tonen? Of gaat het om een eikelpiercing en een paar zaksproetjes? Heb inmiddels ook begrepen dat de vedette drie keer per week met zijn schaamhaar in de krullers slaapt. Donderdag las ik in de krant dat de Ma-drileense chauffeur van David verklaard heeft dat hij zo nog wel wat vrouwen op kan noemen. De man vertelt ook over heftige seks op de achterbank van de door hem bestuurde auto. Achteruitkijkspiegelporno! Ik lees dit bericht in de auto op mijn Belgische tournee. Om precies te zijn tussen Brugge en Brussel. Ik zit naast mijn chauffeur. Mijn chauffeur is een vrouw. Een prachtige vrouw zelfs. Ik vraag mij af hoe het zou zijn om met haar seks op de achterbank te hebben, terwijl ze ook nog rijdt. Dat is pas genot! Ze heeft prachtige lange benen, dus het moet kunnen. Veel sensationeler dan het simpele Beckham-wipje. Ik durf het mijn chauffeur niet te vragen. Stel dat ze ja zegt. Dat zij er ook al jaren van droomt om een keer met deze kleine dikzak... Ik zie in mijn bizarre fantasie de twee airbags uit het stuur en het dashboardkastje komen. Goed dat mijn prachtige chauffeuse niet in mijn hoofd kan kijken. Wat gaan we tekeer. Voor de affaire heb ik nooit aan seks met haar gedacht. Nog geen potje scrabble met haar sloop mijn droomhoofd binnen. En nu opeens laat ik haar alle hoeken van de Volvo zien. En zij mij. Terwijl ze luistert naar de zachte stem van de GPS hangt ze in het hondenrek. We passeren een groot waarschuwingsbord. Een billboard met de tekst: Veiligheidsgordels! Ook achterin! Ik vraag me af of David tijdens de seks in de riemen zat. En ik denk aan mevrouw Beckham. Toch een minder *spicy girl* dan ik dacht. Gewoon een saaie recht-op-en-neermuts. Daarom zocht David een vrouw met iets meer fantasie. Mevrouw Loos toucheert voor haar bekentenissen een kleine miljoen dollar en maakt van mevrouw Beckham een tweederangs mevrouw Oudkerk. Wat een snol die Rebecca. Ze doet me denken aan de bezemkasthoer van Boris Becker. Dat soort moet er gewoon voor zorgen dat de superster zo goed mogelijk aan zijn gerief komt en verder zwijgen. Ze mag d'r Hollandse beentjes dichtknijpen dat ze ooit zover gekomen is. Maar het verkopen van het verhaal is hoogverraad. Natuurlijk worden de verhaaltjes gulzig geslurpt door miljoenen moraalridders in hun Almeerse doorzonhuisjes. Windjacktypes die alleen maar kunnen dromen van een goede beurt op de achterbank van hun chauffeurloze auto. Met hun te dikke vrouw in hun veel te benauwde Vectra.

Buitenechtelijke seks is van alle tijden en houdt miljoenen huwelijken op de wankele benen. Ik ken duizenden mannen die zonder vriendin al lang gescheiden waren. Eigenlijk moeten de echtgenotes blij zijn met alle maîtresses. Zij doen in bed de dingen waar de vrouw des huizes al tien jaar geen zin meer in heeft. Dan raakt haar kapsel in de knoop. Maar de buitenechtelijke huppelkut moet in ruil voor een ringetje, een luxe hotelkamer en een goed diner gewoon haar werk doen en verder keurig haar blonde mondje houden. Het is namelijk geen liefde. Niet voor hem en niet haar. Het is gewoon seks en dat is heel wat anders.

Ondertussen luister ik naar het nieuws. Hoor over Ajaxsupporters die Feyenoordspelers hebben aangevallen en schaam me diep donkerrood voor mijn Amsterdamse seizoenkaart. Soms stopt ieder denken. Het veldje waar dit fijne treffen plaatsvond heet *De Toekomst*.

En ik schrik niet van de bijna-aanslag op de chauffeur van Fortuyn. Waarschijnlijk heb ik het hartstikke verkeerd, maar mijn gevoel zegt dat er iets in het verhaal niet klopt. Meneer Smolders is in mijn ogen nog steeds een held vanwege het feit dat hij toen achter die idiote grasgrazer Volkert van der G. aanging, maar nu zegt er iets in me dat het niet waar is. Wie de bijnaschutter was? Jules Croiset.

Bianca

JP is vroeg wakker. Veel te vroeg. Het is tien voor vijf. Hij hoort de eerste vogels en realiseert zich dat dit ook de laatste vogels zijn. De stadsmus is uitgestorven, de koolmees is al tien jaar niet meer gezien en voor de laatste grutto's wordt een weiland zonder bouwplannen gezocht. De Betuwelijnlobby, de snelwegmaffia en het hoogbouwende vastgoedgajes hebben gewonnen. Toen mijn zoontje tien jaar geleden over een vogel riep: 'Kijk papa, een levend vliegtuig!' wist ik dat de strijd reddeloos verloren was.

Het is ook maar goed dat de vogels dood zijn. Op 12 juni gaan een paar duizend welvarende nudisten fietsen in de bossen bij Apeldoorn. Naakt fietsen. Je moet wat in 2004. Dat moet een verschrikkelijk gezicht zijn. Al die welvaartstypes die met hun blote aambeien over hun zadels schuren, terwijl de bierbuiken vlak boven de stang klotsen en de keizersneetjes glimlachen naar de bloeiende brandnetels. Ik vrees dat na die dag de bomen het ook voor gezien houden.

Niet alleen JP is vroeg wakker. Zijn Bianca ook. Sterker nog: zij heeft de hele nacht niet geslapen. Opgerold

in haar nachtpon heeft ze nagedacht over de verschrikkelijke dag die komen gaat. Maanden heeft ze tegen deze vierentwintigste april opgezien. 24 april: de huwe-
lijksdag van plastic Mabel en haar niet-homoseksuele
prinsje. Een man die via zijn voorlichter moest laten
weten dat hij geen nicht is. Geen sterk begin van een
vlammende relatie.

Bianca piekert en piekert over de komende dag. Het
huwelijk wordt een intieme aangelegenheid. Slechts
veertienhonderd vrienden zijn aanwezig. Allemaal bra-
ve burgers die een beetje nerveus zijn omdat ze er vandaag bijhoren. Valt mijn hoedje op? Is mijn jurk niet al
te PC Hooft? Kom ik op de buis?

En de dominee zal spreken. Spreken over liefde. Echte liefde. De chemie van twee mensen. De bruid zal
professioneel stralen en niemand kan de films zien die
op dat moment in haar hoofd worden afgedraaid. Natuurlijk komt *Die Lange* nog een paar keer langs. De
geur van het vooronder, het klotsen van de zee tegen de
boot en dat pistool onder het kussen waren prachtige
ingrediënten voor een niet-alledaagse jeugd. Uiteraard
denkt ze nog een keer aan de wilde nachten met haar
gehuwde Bosniër. De hotelsuites, de soupers, de mon-
daine vakanties. Natuurlijk wist ze dat hij dat niet uit
eigen zak betaalde. Maar ze krijgt hem wel vrij. In Nederland blijft ze Mabel, maar in het buitenland zal ze
zich prinses gaan noemen.

Ze kijkt opzij en glimlacht naar haar prinsje die het
erg op prijs stelt dat men weet dat hij hetero is. De lieverd glimlacht terug. Hij was het hoogste dat zij kon
krijgen.

Bianca schaamt zich voor zoveel negatieve gedachten over dit derderangs stukje koningshuis.

JP legt een hand op haar genachtponde lijf, maar door stokstijf te verstenen laat ze hem duidelijk haar Center-Parcsgevoel weten: *nu even niet*. JP zucht. Ze heeft met hem te doen. Hij is vandaag de risee van Delft en wordt uitgekotst door de hele kerk.

Petra, die zich tegenwoordig Laurentien laat noemen, heeft in de huiselijke hofkring al de meest verschrikkelijke dingen over de gereformeerde glibber gezegd. Als ze gedronken heeft is ze niet te houden. Máxima deed er nog een flinke schep bovenop. De meest dubbelzinnige details proestten de dames over tafel. Trix moest lachen, maar heeft wel gevraagd of de dames zich vandaag een beetje willen gedragen. Dat zullen ze doen.

Bianca komt uit bad en verstopt zich in de kleren die ze gisteravond heeft klaargehangen. Neutraal. Muisgrijs. Ze denkt heel even aan de wilde combinatie Rebeckham en huivert prettig. Op dat moment komt JP bloot de badkamer binnen. Ze wil dat hij zich snel aankleedt. En niet alleen omdat ze haast hebben.

Op dat moment probeert JP een grapje. 'Weet je waarom Friso zo schijterig meldde dat hij geen nicht is? Hij is bang dat de islamieten hem na de revolutie van het balkon flikkeren!'

Bianca lacht beleefd. Ze hoort vooral 'mieten' en 'flikkeren'. Dan toetert de chauffeur. Het wordt een loodzware dag.

Ontspannen

Het is Koninginnedag. Tien over half elf. Op mijn televisie zie ik zeven Warffumse middenstanders onder het toeziend oog van de koningin Chinese ontspanningsoefeningen doen. Het zal je vader zijn, denk ik hardop. Jij bent puber en opeens zie je dat je midlife-verwekker op een vlonder heel erg raar doet voor een mevrouw en haar familie. Dat een negenjarige zenuwachtig op een viool krast, snap ik. Een demente die nerveus volksdanst, gaat er ook nog in. Maar een volwassen man in een soort oosterse trance tegenover een op een strak schema doorlopende mevrouw met een bloemetje en een hoedje zet me toch weer aan tot pruttelend denken. Wat denkt de middenstander? Voor wie doet hij het? Voor de koningin? Voor zichzelf? Voor Warffum? En stopt hij als Trix langs is geweest? Of ontspant hij nog een kwartiertje door? Belt zijn broer 's avonds om te vragen hoe het ging? Is zijn vrouw trots? Heeft hij slecht geslapen omdat hij voor de vorstin Chinees moest ontspannen? Vragen, vragen, allemaal vragen.

Op dat moment gaat de deurbel. Ik vraag door de intercom wie er is. Ik versta: Wim Kok! Ik moet me vergissen. Ik vraag het voor de zekerheid nog een keer. Het antwoord is weer: Wim Kok.

'*De* Wim Kok?' vraag ik. Het antwoord is ja.

Twee minuten later zit hij bij me aan tafel. Met Rita. Wat ze komen doen? Collecteren. Voor wie? Voor de Nederlandse Hartstichting. Of eigenlijk voor de zojuist ontslagen directeur Manger Cats. Wim legt uit dat zijn leven niet echt veranderd is. Vroeger probeerde hij als vakbondsman voor de werknemers zoveel mogelijk geld te krijgen en eigenlijk doet hij dat nog steeds. De groep werknemers is nu alleen wat kleiner. En hij vertelt vol enthousiasme hoe hij voor Ewald Kist een paar miljoen euro heeft geregeld. Ewald wilde eigenlijk nog twee jaar blijven om zichzelf helemaal af te vullen, maar dat heeft Wim er helaas niet door gekregen.

'Vroeger was ik tegen exhibitionistische zelfverrijking, maar tegenwoordig word ik er zelfs een beetje geil van.' Rita bloost.

En nu komt hij geld ophalen voor Volkert Manger Cats. Voor Volkert persoonlijk? Hij legt uit dat het een rechtszaak wordt en dat Volkert uiteindelijk een paar miljoen meekrijgt. Dus de collecte is wel degelijk nodig.

'Ik had hier jaren eerder aan moeten beginnen,' vertelt Wim enthousiast. 'Weet je wat het leuke is van die captains of industry? Ze hebben meer smaak dan die arbeiders, wonen leuker, eten lekkerder en ze stinken nooit naar zweet!'

En voor ik het weet zit Wim Kok mij de lol van het golfen en het genot van de skybox uit te leggen. Rita belt onderhand met Bianca Balkenende om uit te leggen hoeveel verhuisdozen ze nodig heeft. Haar JP wordt op dit moment zelfs door zijn eigen partij uitgekotst. Zelfs zonder oppositie gaat hij kopje onder. Oppositie is een ouderwets woord. Woutertje Bos zit al een halfjaar lekker te tutten tussen de Pampers en de Olvarit. Op de televisie zie ik een Van Vollenhoven aan een spijkerbroek hangen, terwijl zijn broertje dart met gootsteenontstoppers. Een familie aan het werk en het volk is blij.

Wim legt mij uit hoe blij hij is met de winstcijfers van ABN-AMRO en hoe opgetogen hij is over de op handen zijnde ontslagen bij Shell. Onze koninklijke olietrots wordt weer kerngezond en de aandeelhouders krijgen binnenkort een ouderwets dividend. Alleen moet de milieugroepen nog even de mond gesnoerd worden.

'Daar hebben we veel last van,' vertelt Wim, die mij en passant vraagt of ik ook naar het polotournooi van Eddy de Kroes ga? De hele justitietop is daar. Officier van Justitie Vos is zelfs eregast. Die mag deze zomer ook in de Zuid-Franse villa van Eddy een week of wat vakantie vieren.

Wim is boos dat ik niks in de collectebus doe en verlaat mokkend het pand. Ik roep hem nog na dat het morgen 1 mei is. Hij kijkt verbaasd en vraagt: '1 wat?'

Pompeji

Mijn zoon wil lijken zien. Gestolde lavalijken. De huisjes kunnen hem gestolen worden. De Vesuvius mag ook weg. Het gaat hem om de lijken. U begrijpt het al: we lopen door Pompeji. Vakantie. Veel schoolklassen. Italiaanse schoolklassen. Het verplichte uitje. Ze banen zich een weg door de kou en de regen. Ze zijn er op gekleed. Veel nylon. Het is echt koud. Kleumende toeristen volgen de route van de koptelefoon. Ik sta in een huisje en doe of ik wat muurschilderingen bestudeer. Dat doe ik niet. Ik luister een gesprek af. Drie oudere Nederlandse dames staan buiten het huisje te wachten op hun treuzelmannen. Fantastisch gesprek. Waarover? Over sla. Ik zie de vrouwen niet, maar hoor ze des te beter. De man van de ene heet Henk. Henk houdt van sla. Maar niet van alle soorten sla. Gewone sla vindt hij prima. Andijviesla ook. Gemengde sla is hij gek op. Rauwe spinazie mag. Maar Henk heeft niks met ijsbergsla. Dat vindt Henk geen sla. Een van de dames heeft juist iets met ijsbergsla. Lekker knapperig. Je snijdt het gemakkelijk. Het wordt niet gauw slap. Ook niet als het van de krop is. De mannen sluiten aan en het slagesprek verdwijnt.

Mijn zoon heeft de lijken gevonden. Ik moet komen kijken. Het zijn er maar twee. In een glazen kastje. Hij legt uit dat er gips in zit. Echte lijken met gips van binnen. Nu zie ik de Nederlandse dames. En de drie treuzelmannen. De dames hebben het nu over Máxima. Het gedurfde spijkerjasje van onze prinses. Volgens een van de dames kan Máxima alles hebben. Ze kijken onderhand naar de voorover liggende lavalijken. Ik denk aan gisteravond. Weer een droom verwezenlijkt. Heb een voorstelling in het schitterende San Carlo Theater in Napels bijgewoond. Een van de mooiste theaters ter wereld. Misschien wel het mooiste. Een feest om er te mogen zitten. Ik zag ballet. Beetje tuttig ballet. Kan ook aan mij gelegen hebben. Ik vind ballet al gauw tuttig. Kan niet zo goed tegen die springnichten met die bobbel in hun maillot. Doe normaal, denk ik steeds. Daarbij heb ik een geblesseerde knie en bij elke sprong voel ik mijn knie. Ik zit te schreeuwen van de pijn in mijn stoel. Ik zie mezelf in dit theater spelen. Een vlammende conference in het Italiaans. Een uitzinnig publiek. In de pauze bestel ik haperend koffie en besluit om niet verder te dromen.

Terug in Pompeji. Mijn zoon heeft de lijken gezien. We kunnen naar de auto. Het gaat nog harder regenen. De drie Nederlandse dames manen hun treuzelmannen tot meer tempo. Het woord kunstheup valt. Goed onderwerp. Ik hoor dokters, de knie van Riek, de galblaas van Thea en de dood van een zekere Rob. De suiker heeft hem gesloopt.

De regenbui wordt nu meedogenloos. Iedereen

schuilt. De dames knikken naar me. Ze zeggen dat ik van de televisie ben en ze komen straks wel op mijn naam. Ik hoor ze fluisteren dat ik nogal grof in de mond ben, maar wel een mooie vrouw heb. Wim dweepte met me en zijn vrouw ging, als ik op televisie was, altijd wat anders doen. Ze raden elkaar aan zachter te praten. Je hoort hier alles.

En dan verschijnt hij. In de stromende regen. In de verte doemt hij op. De korte broek. Het is amper zeven graden, maar hij draagt hem. Een schreeuwende bermuda. Prachtig. Daarboven een T-shirt en aan de voeten de verplichte Adidasjes. Wat voor sokken? Wit natuurlijk. Hij heeft vakantie. En op vakantie draag je een korte broek en witte sokken. Zijn vrouw had twee jaar geleden een keer een lange broek in de koffer gedaan. Voor je weet maar nooit. Bijna gescheiden. Een lange broek. Op vakantie. Het is een grote man. Vooral breed. Hij komt stralend dichterbij.

'Kijk, een Hollander,' fluistert mijn dochter.

Ik weet zeker dat ze gelijk heeft. Toch blijven we even staan. Voor de controle. Hij herkent me. En fluistert hard tegen zijn vrouw: 'Braakhekke!' Zijn vrouw herkent me ook. De dames zien het nu ook en besluiten met: 'Die heb geen vrouw, dat is een homo!'

Onthoofden

Bush heeft Irak verlost van de mensonterende praktijken van Saddam. Ik zie op elkaar gestapelde blote mannen in de Abu Ghraib-gevangenis en lees dat de heren
elkaar oraal moesten bevredigen. In elk geval moest de
pielemuis in de mond worden genomen.

'Dat is in die islamitische cultuur heel vernederend,'
sprak een woordvoerder van het Amerikaanse leger.
Goeie tekst. Dus ik moet het als atheïst wel aankunnen?
Is het voor mij minder erg?

Het was een beschaafd weekje. De mensheid toont
zich van haar beste kant. Allereerst was ik erg blij met
de details van de moord op Maja. Twintig minuten was
Goran bezig om de bakvis te wurgen. Twintig minuten!
Wat een amateur. Inmiddels heeft hij op het internet
bij de Irakezen kunnen zien dat het allemaal veel snel-
ler kan. Een scherp mes is het enige wat je nodig hebt.

In hetzelfde Journaal zag ik lachende Palestijnen
triomfantelijk met Israëlische lichaamsdelen zwaaien.
Schijnt ook heel vernederend te zijn: dat een ander met
jouw handje wuift.

In de Noordoostpolder moesten Afrikaanse asielzoeksters seksuele handelingen met honden verrichten. Lijkt me niet leuk. Hoewel je daar natuurlijk ook weer gradaties in hebt. Labrador beffen is minder traumatisch dan pitbull pijpen. Wat was de godsdienst van die asielzoeksters? Waren de honden besneden?

Ondertussen begrijp ik ook dat het dorpje waar deze verschrikkingen plaatsvonden streng christelijk is. Wat wil God daarmee zeggen? Waarom juist daar? Hebben er ook op zondag perverse handelingen plaatsgevonden? Dat maakt de zonde dubbel erg. Ik begrijp dus dat er mensen zijn die opgewonden raken van een vrouw met een keeshond. Of mij dat schokt? Ja!

Ik was sowieso nogal in de war deze week. Niet door mevrouw Peijs die zomaar opeens elfduizend euro gemeenschapsgeld moest terugstorten. En ook niet door het parlement dat dit vrolijk laat passeren. Ik heb het over de Kamerleden die op dit moment in het land zijn. Ik begrijp dat de meeste parlementariërs met hun partners op kosten van de gemeente Taipei van een lekker reisje snoepen. Op het vliegveld staat een afhaalchinees en die laat ze alle hoeken van dit eilandje zien. Ik begrijp dat dit niet het eerste reisje van onze volksvertegenwoordigers is.

Geert Wilders, die rechtse Mozart van de VVD, was ook al een keer met zijn vrouw naar Taiwan geweest. En daar was ik over geschokt. Niet dat hij zich laat fêteren door de Taiwanese wapenmaffia, maar dat hij een vrouw heeft. Ik heb het over die gozer die ooit bij het uitruimen van het gootsteenkastje een fles bleekwater op zijn kop gehad heeft en nu met een gehandicapt kapsel door het leven moet. Ik had die man altijd aangezien voor een supernicht. Er is toch geen vrouw die iets wil met een man die vrijwillig met een paar deciliter waterstofperoxide en een rukwindföhn met windkracht twaalf zijn haar doet? Hoe zal dat gaan in huize-Wilders? Ik heb wel een beeld: mevrouw Wilders lakt haar nagels en hoort hem onderhand frunniken in de badkamer. Hij moet goed opletten dat de bodem donker blijft, dus hij staat met het bleekmiddel in zijn haar een half uur op zijn handen voor de spiegel. Straks is hij klaar met zijn kapsel en dan kunnen de Wildersjes er weer een week tegenaan. Mevrouw Wilders heeft een keer tegen een vriendin gezegd: 'Soms lijkt het net of ik het met een poedel doe! En op moederdag blaft hij zacht in bed. Zo lief!'

De vriendin vroeg zich af waarom Geert zo extreem fel tegen hoofddoekjes is. Als iemand toe is aan een schaamlap om zijn carnavalskapsel...

Bij ons thuis zijn we echt geschokt. Geert Wilders heeft een vrouw. Dan zullen Albert Verlinde en Jos Brink ook wel met twee blonde mokkels wonen. Ik heb het voorzichtig aan mijn vrouw gevraagd. Wat zij zou doen als ik ook een creatief kapsel zou nemen. Ze keek meer dan bedenkelijk en sprak toen streng: 'Kijk maar op internet. Ik doe het op zijn Irakees. Snel en efficiënt. En daarna zwaai ik met je geblondeerde kop triomfantelijk door de buurt!'

Wat ik toen gedaan heb? Troost gezocht bij de hond.

Billenkoek

Dus Ruud Lubbers zou in het bijzijn van vijf mannen een dame vol bij de billen hebben gepakt. Dan heb je wel lef. Ook begrijp ik uit de krant dat de *Hengst van Kralingen*, zoals onze voormalige premier vroeger in Den Haag genoemd werd, inmiddels ook in Genève een behoorlijke reputatie heeft opgebouwd. Zo gauw hij het hoofdkantoor betreedt, duiken alle vrouwelijke medewerkers onder balies en kopieerapparaten of ze verdwijnen ongezien in bezemkasten en voorraadhokken. Het gerucht gaat dat bij de UNHCR de Ruudsirene gaat loeien als zijn auto het parkeerterrein opdraait. Duizenden vrouwen op de vlucht. Vandaar vluchtelingenorganisatie.

Hoe zal dat gesprek met Kofi Annan gegaan zijn? Op een gegeven moment moet je in detail. Waar gaat de onderrug over in de bilpartij? Zal Ruud het bij de kleine neger even hebben voorgedaan? Hoe lang lag de hand op de billen? Zat er een kneepje bij? Of een vriendschappelijke pets? Is een biltik erger dan een schouderklop? De schouder kan een erogene zone zijn. Vooral de voorkant. En hoe lang heet het schouder? Wanneer wordt het tiet?

Stel dat het inderdaad gebeurd is – de vijf getuigen vertellen dat Ruud een kleine zeven minuten de bilpartij van de dame intens heeft staan kneden – en hij moet zijn koffers pakken. Wat dan? Hoe kom je dan thuis? Hoe pak je je vrouw beet in het halletje? Twee handen vol op het achterwerk of toch wat voorzichtiger? Andere vraag is: is mevrouw Lubbers wel thuis? Of ligt er een briefje op tafel met een tekst voor de oude stier dat ze voorlopig liever even in een chic Blijf-van-mijn-lijfhuis vertoeft? Uit voorzorg.

Wat moet hij daarna? Welke organisatie wil hem nog? Ik denk dat hij zich daarover geen zorgen hoeft te maken. Las gisteren dat onze nationale hoerenloper Rob Oudkerk zo goed als zeker door de Zaanse PvdA wordt voorgedragen als opvolger van de naar Tilburg vertrokken Ruud Vreeman. Rob als burgervader van Zaanstad, dat dan onmiddellijk internationaal de aandacht zal trekken door zijn schitterende tippelzone. Oude pakhuizen worden omgebouwd tot superbordelen waar ook de ziekenfondshoerenloper terecht kan. En veilig. Er is zeer goede opvang voor de uitgemergelde junkies. De burgemeester, die tevens huisarts is, doet persoonlijk de uitstrijkjes.

Misschien is het leuk als onze Ruud de rosse buurt dan opent. Met een vrolijke bilpets of een geraffineerd tepelkneepje.

Zouden er foto's zijn van het billenknijpincident? Of een homevideootje? Mij zou dat niet verbazen. Ik begrijp dat Amerikanen alles vastleggen. Ze hangen met een big smile boven doodgemartelde Irakezen, lachen zich suf als ze gevangenen met stront insmeren, gieren het uit als iemand een bloterik aan een hondenketting door de gang trekt en ook het laten eten uit toiletpotten schijnt in militaire kringen uiterst vermakelijk te zijn. Waarom is dat vastgelegd? Om er later van te kunnen genieten? Dat je als demente bejaarde dan denkt: toen was ik nog goed!

Ander aspect is de leeftijd van de billen. Je moet toch wel erg lang van huis zijn als je de behoefte voelt om te gaan knijpen in meer dan veertigjarig zitvlees. De kans op putten en pukkels is groot en de massa voelt onsmakelijk week aan. Daarbij heeft het zitvlak op die leeftijd een vertraagd gevoelsleven. Als je er op 18 december in knijpt, volgt er op 27 april pas een aangifte. Dat is geen heftige reet. Vraag me opeens af of je bij Vanessa ook je kont kan laten ophogen? Twee stevige japen en dan twee flinke kussens erin. Hoe zit een siliconenreet? En belangrijker: hoe knijpt ie? Hoe voelt de wc-potrand? Kan je nog plassen zonder bril?

Wat Ruud moet doen? Alles aan Ria opbiechten en verder doorgaan met ontkennen. Niks gebeurd. Het was hooguit een krap halletje en het zou een schamphand geweest kunnen zijn. Of hij werd duizelig en zocht houvast. Het was niet alleen zijn hand. Alle handen knepen! Zoiets. En hij moet zeker niet net als Willem Endstra naar Business Class. Niet bij Harry Mens gaan jokken dat je er niks mee te maken hebt. Want het mag bekend zijn dat het dan slecht met je afloopt.

Euthanatuitje

Dus we gaan de bejaardenberg ruimen, dacht ik, toen ik las dat actieve euthanasie op dementen bij de wet niet meer verboden is. Ik zie verpleeghuizen, mannen in witte overalls met strakke capuchons, vrachtwagens, grijpers en de pers op afstand. Het wordt nog een hele klus om de berg binnen een week of wat weg te werken.

In dezelfde krant las ik dat het merendeel van de mensen geld leent bij familie. Daarom gaat het mis bij de Rabobank. Duizend werknemers worden daar binnenkort ontslagen. Mij lijkt dat heerlijk: ontslagen worden bij de Rabobank! Ontslagen worden bij elke bank lijkt mij een reden voor een zwoel tuinfeest. Ik hoop wel dat de werknemers de bank een flinke poot uitdraaien en met een sappige kluif het marmeren pand verlaten. Ze kunnen niet zeggen dat ze niet weten hoe dat moet. Als je iets leert binnen het bankbedrijf. Ze kunnen bij de Raad van Bestuur op graaicursus.

Geld lenen bij de familie dus. Ik zie de nitwit met zijn beleggingshypotheekdebacle. Hij wil de verhuisschande uit de keurige villabuurt vermijden. Daarbij moeten de kinderen kunnen blijven hockeyen en dan heeft hij nog de wintersport, de tweede auto, de Côte d'Azurvakantie, enzovoort. Dus gauw een geldnoodtonnetje bij zijn oude moeder geleend. En mama is na een jaar veel vergeten, maar dat niet. Ze dringt regelmatig aan op terugbetalen. De eigenlijk failliete nitwit zegt tegen de huisarts dat moeder toch wel erg veel gaat herhalen. De rest mag u zelf invullen.

Als we dan toch de dementen gaan afspuiten, zullen we dan eens beginnen bij de politie? Want veel doller kan het toch niet worden! Ik heb het nu niet over hoofdcommissaris Welten. Die is verre van dement. En die hoeft voorlopig niet bij zijn oude moeder aan te kloppen. Eerder andersom. Het zou me niet verbazen als dat ook nog ergens in de kleine lettertjes van zijn lucratieve contract staat: dat zijn bejaarde ouders gedurende zijn Amsterdamse dienstverband in het Paleis op de Dam mogen wonen. En dat zijn schoonmoeder mag kiezen tussen de bruidssuite in The Grand of in het Amstel Hotel.

Nee, ik heb het over de mensen bij het OM, die hebben besloten dat het mobieltje van een ontsnapte tbs'er niet gepeild mocht worden omdat dat tegen de privacyregels was. De privacy van wie? Van het dertienjarige ontvoerde meisje dat op dat moment misbruikt werd op de achterbank van een gejatte Mercedes? De man was niet echt gevaarlijk. Hij zat vast voor diefstal, verkrachting, brandstichting en bedreiging. Peanuts dus. Daarbij was hij al twee keer eerder vrijwillig teruggekeerd van een ontsnapping. Dus dat zou hij de derde keer ook wel weer doen.

Ik begrijp dat ze in de tbs-kliniek op woensdag rond het middaguur gaan kijken of iedereen die zich maandagochtend had moeten melden, binnen is. Degenen, wier verlof op vrijdag ingaat, zijn dan vaak al vertrokken. Zonder begeleiding. Dat verkracht lekkerder.

Het kan natuurlijk ook zijn dat ze op het OM druk waren met het vrijpleiten van Annemarie Jorritsma die in de schaduwboekhouding van een bouwfraudeur staat. Even 72.000 gulden verrekend met een zwager. Een schaduwboekhouding is toch sowieso crimineel?

Geheel dement zijn ze bij het OM ook weer niet. Ik las gisteren dat er een afgeslacht lijk in de kofferbak van een auto is gevonden en dat het volgens de politie om een misdrijf gaat. Over het in een tas in het Amsterdamse IJ gevonden onderlichaam van een vrouw heb ik nog niks gehoord. Zelfmoord? De zaak is vast nog in onderzoek.

Hoe verlos je de dementen? Ik las een prachtmanier. Voor de kust van Alaska is een zeer luxe Amerikaans cruiseschip met drieduizend bejaarden getroffen door een virus. Ze hangen met z'n allen kotsend over de reling en het ergste wordt gevreesd. Mij lijkt dat wel wat. Eerst geld bij je ouders lenen en ze dan een cruise aanbieden! Dobberend op zee een zacht wolkje mild gifgas vanuit de airco! Maar hoe kom je aan gifgas? Moet Bush misschien toch nog iets beter zoeken in Irak. Over dementen gesproken.

Ruzie zoeken

Volgens Jozias van Aartsen is het verlies van de VVD onder andere te wijten aan de uitspraken van Dijkstal. Vreemd. Zijn ongezouten mening was voor mij een reden om voor het eerst van mijn leven vierkant op de VVD te stemmen. Ik vond het klare taal. Meestal is het: hoe ouder hoe rechtser, maar bij Hans werkt dat precies andersom. Vind ik vrolijk. Een paar VVD'ers hoorde ik zeuren dat het niet kan wat hij gedaan heeft. Je valt je partijgenoten in het openbaar niet af. Wat een gezeur. Dat houdt zo'n partij toch levend? Beetje lawaai. Gezond potje ruzie. Daar wordt iedereen scherp van. En na een tijdje leg je het bij. Anders wordt het een kwaadaardig gezwel. Twee weken geleden had ik mot met het *Brabants Dagblad* en in mijn woede had ik de hoofdredacteur tot een hoerenlopende vreemdganger gebombardeerd. Niet smaakvol, maar wel effectief. Inmiddels is de ruzie bijgelegd. Zij zullen me niet meer screenen en ik zal hem niet meer onterecht op kosten van de krant laten lunchen met een snuffelstagiaire. Excuses over en weer en de zaak is klaar. Ik ga binnenkort met de hoofdredacteur eten.

Ik betaal het restaurant en hij het bordeel.

Elkaar af en toe goed de waarheid vertellen kan geen kwaad en in zo'n scheldpartij vallen dan wel eens verkeerde woorden. Nou en? Die woorden zorgen wel voor discussie en gedoe. Ik vond de jodenstervergelijking van Dijkstal weinig smaakvol, maar ik had er ook al een paar keer aan gedacht. En ik was het eigenlijk wel met hem eens. Beetje herrie is toch leuk? Dat houdt ons wakker. Anette Nijs vindt haar minister een muts met weerhaken en zegt dat in iets andere woorden in *Nieuwe Revu*. Daarna had ze onmiddellijk moeten aftreden. Niet dat getut van: zo heb ik het niet bedoeld. Zo bedoelde ze het wel. Ruzie is lekker. Ruzie lucht op.

Daarom word ik zo droef van het voetbaltrainersvakbondje waarbinnen is afgesproken dat ze geen kritiek op elkaar mogen leveren. Wat een impotent getut. Dus als Adriaanse vindt dat Dickie een hele slechte bondscoach is, waarmee je nog niet van de veteranen van Madurodam wint, dan mag hij dat wel aan de coniferen melden, maar niet aan een journalist. Ik vind het altijd leuk als ik van een collega lees dat hij mij een derderangs cabaretier of een verschrikkelijke nitwitcolumnist vindt. Daarna kijk ik met extra aandacht naar de man zijn show of lees ik voor het eerst zijn stukje. Meestal trek ik dan de conclusie dat ik het in zijn geval niet had gezegd. Niet dat ik zo goed ben, maar in zo'n geval word ik vaak overvallen door het gevoel van: laatste kan ik niet meer worden. Maar dat het gezegd of geschreven is vind ik juist prima. Zo'n mening houdt iedereen toch wakker? Ook mij. Juist mij.

Toen ik vorige week die bejaarde oud-strijders in Normandië zag, dacht ik in eerste instantie dat het een trainend Nederlands elftal op het strand van Noord-wijk was. En ik was ook niet verbaasd toen ik Advocaat vorige week hoorde zeggen dat hij blij was dat Keizer, Swart en Rensenbrink in de buurt van de telefoon blij-ven zodat hij ze te allen tijden kan oproepen. Het is toch prachtig dat een incontinentieluierfabriek en een rollatorfirma na het ultrakorte EK de nieuwe hoofd-sponsors van de KNVB worden? Heel Nederland denkt er toch zo over? En waarom mag Cootje dat dan niet hardop zeggen? Het antwoord van Dickie moet ge-woon zijn dat die Co zijn bek moet houden. Zoals hij ook Jan Mulder de wind van voren gaf. Heerlijk.

Maar wat blijkt: de HH voetbaltrainers mogen elkaar alleen maar veren in de reet steken. En iedereen weet: te veel veren belemmert een gezonde stoelgang.

Of ik zelf ook kritiek uit op andere komieken? Ik niet. Ik zeg waar ik om lach en als ik er niet om lach noem ik het gewoon niet. Jiskefet zit niet te wachten op mijn mening dat ze al een paar jaar niet meer leuk zijn. Waarom niet? Dat weten ze zelf ook wel.

Portugallisch

Was ik in 1990 nog de enige Bekende Nederlander die mee mocht naar een voetbalkampioenschap, nu ben ik de enige die niet mee is. En Bram Peper natuurlijk. Maar die is gewoon te duur. Iedere omroep is bang voor zijn inmiddels beruchte socialistische declaraties van om en nabij de 3500 euro per kwartier, exclusief reis- en verblijfkosten. Het is een beetje het tarief dat het uwv per minuut aan een externe consultant betaalt.

De liefste voetbaldeskundige vond ik tot nu toe de vriendelijke soapster Daan Schuurmans, die op een vraag van het duo Barend en Van Dorp antwoordde met: 'Mijn schoonvader vindt...' Vond ik ver gaan. Tikje burgerlijk ook. Helemaal uit Amsterdam ingevlogen om de mening van je schoonvader te verkondigen. Die gaat Hollywood niet halen, dacht ik meteen.

Op de vraag of hij naar de wedstrijd Nederland-Duitsland ging kijken, legde de zeepschat ons uit dat hij die wedstrijd helaas niet kon zien. Hij zat op dat moment namelijk in het vliegtuig terug naar Nederland. Dan gaat je ijdelheid wel heel ver. Dat je als voetballiefhebber juist die wedstrijd laat schieten om in een praatprogrammaatje van RTL4 te mogen kakelen.

De wedstrijd tegen de Duitsers was een absolute overwinning voor het Nederlandse voetbal in het algemeen en Oranje in het bijzonder. De Portugese politie heeft namelijk bij de poort van het stadion de instrumenten van *De Teletoeters* afgepakt. Dit is een door het dagblad van wakker Nederland betaald dweilorkest dat sinds jaren probeert om het voetbal te veroeteldonken. Je mag van die tweedehands koperblazers niet meer sportief meeleven met de wedstrijd omdat die er namelijk niet meer toe doet. We Thialfen ons twee keer drie kwartier op de meest verschrikkelijke hoempamuziek door een duel. Als het maar gezellig is.

Regelmatig heb ik in het stadion op het punt gestaan om deze derderangs dweilers met hun eigen tuba tergend langzaam dood te martelen. Om daarna terug te gaan naar mijn eigen zitplaats om er heel hard *Het is stil aan de overkant* te gaan staan zingen. Eindelijk stil. Na jaren bevrijd van dit carnavaleske getetter. Gelukkig heeft de Portugese politie haar morele plicht gedaan en ons land voorlopig verlost van deze nationale schande. En nu maar hopen dat er geen inzamelingsactie voor nieuwe instrumenten voor deze muzikale schelen komt. God sta ons bij.

Het meest verbaasd was ik over de 25.000 provincio's die afgelopen dinsdag in hun oranje kloffie in de Amsterdam Arena naar de wedstrijd hebben gekeken. Ze floten massaal door het Duitse volkslied heen. Als je dat doet in het stadion waar de wedstrijd plaatsvindt, ben je in mijn ogen al een behoorlijk doorgefokte hufter. Maar dat kan ik nog begrijpen. Die simpele zielen met de hersens van een ons plankton willen de Duitse spelers uit balans brengen. Maar om nou te gaan fluiten naar een groot televisiescherm, terwijl je alleen zelf last hebt van het snerpende concert?

Inmiddels zit niet alleen het stadion vol oranje types, maar zit heel Nederland in het oranje voor de breedbeeldbuis. Hockeyclubhuizen vol kakkers met gevlagde wangetjes joelen naar een groot televisiescherm. Cafés vol oranje gepruikte puntlassers in Volendammer kostuum met een molen op hun hoofd. Je zal je vader zo de deur uit zien gaan. Wil je als vrouw ooit nog seks met zo'n man?

In Oud-Beijerland heeft de directeur van een verpleeghuis alle oranje vlaggetjes laten verwijderen. En dat snap ik nou weer niet. Al dat oranje gedoe is toch juist voor de dementen? Sterker nog: al die supporters die nu zo raar door ons land lopen moeten intensief verpleegd worden. Wordt het geen tijd voor zware medicijnen in ons drinkwater?

Daar zijn trouwens al plannen voor. Maar dan andere medicijnen. In Amerika is iets ontwikkeld dat van notoire vreemdgangers hondstrouwe pantoffeldieren maakt. Neemt u van mij aan dat Jan Peter en Donner de liters al besteld hebben. Marinier Erik O. leidt de geheime missie en vanaf volgend jaar zit iedereen als een impotente mus op de vinexbank. En als er naar je mening wordt gevraagd antwoord je: 'Mijn schoonvader vindt...'!

Duinrel

'Vannacht droomde ik dat Karel Brückner Nedved tegen ons wisselde,' mompelt Dick tegen zijn vrouw. 'Hij was te goed.'

Het is eind augustus 2004 en ze ziet hoe hij langzaam herstelt. Hij scharrelt verlegen heen en weer tussen zijn televisietoestel en zijn met krantenknipsels overladen bureau. Dagelijks neemt hij wat tijdens het EK uitgezonden praatprogramma's tot zich en leest een paar leuk bedoelde stukjes uit die tijd. Vroeger kon hij om de cabaretier nog wel lachen, maar nu deze hem de nieuwe Engelse uitdrukking *Always change a winning team* in de mond heeft gelegd, vindt hij de man opeens stukken minder grappig. De tekst *Bosvelt, rollator pakken en inlopen* vindt hij ronduit flauw. Elke nacht droomt hij van krijsende stuurlui op een kolkende kade. Opgehitst door in het oranje gehulde bierbuiken vuren columnisten, schrijvers, soapies, astronauten, trainers, oud-trainers, middelmatige spelers, maar ook zangers, professoren, cabaretiers en andere ijdeltuiten allerhande ongevraagde adviezen op hem af. Alleen de aardige Kees Jansma beschermt hem op het diepste punt.

Hij is sinds het EK het huis niet meer uit geweest. Supportersangst. Hij kan niemand meer zonder rood-wit-blauwe wangetjes en een oranje nylon pruik zien. De postbode, de drogist, de huisarts, de sigarenboer. Hij hoeft ze maar twee seconden aan te kijken of ze ver-worden tot wanstaltige supporters. Hij weet dat ze er-toe in staat zijn.

Vanmiddag komt zijn kleindochter en gaat hij voor het eerst weer naar buiten. Geen Efteling, geen Six Flags en zeker geen Madurodam. Deze laatste attractie bezoeken ze niet uit angst dat Dick in een opwelling het hele land in elkaar schopt. Tot de Gouden Koets aan toe. Dat hij als een reus het stadje vermorzelt om zich daarna te laten opnemen in de dichtstbijzijnde kliniek. Naar de andere massaparken wil hij sowieso niet, uit angst voor de humor. Om de drie worstjesvreters komt er vast een met een tientje op hem af en zegt dan iets te hard: 'Meneer Advocaat, kunt u wisselen?' De rest van de lafbekken staat lachend achter de struiken.

Ze hebben gekozen voor de Zeehondencrèche in Pieterburen. Aan het wad is het mooi stil en daar ko-men vooral natuurvrienden, die niet zoveel met voet-bal hebben.

Het woord wisselen mag binnen de familie Advocaat niet meer vallen, maar dat wordt moeilijk als zijn zesja-rige kleindochter enthousiast binnenkomt. Ze mist twee voortanden. In haar zak brandt een zilveren tan-dendoosje en ze rekent op minimaal een euro van opa. Haar andere opa gaf zelfs een briefje van vijf. Ze lacht uitbundig naar Dick in de hoop dat hij het ziet en er iets over zal zeggen. Maar Dickie is er met zijn hoofd niet bij. Dick is even geen echtgenoot, geen vader en grootvader. In zijn hoofd wordt een voetbal heel langzaam opgepompt tot hij binnenkort meedogenloos uit elkaar klapt.

Het meisje lacht naar haar opa en slist iets liefs. Geen reactie. Mevrouw Advocaat neemt haar apart en fluistert: 'Laat opa maar even. Opa is een beetje moe. Straks zegt hij er wel wat van en krijg je vast wat centjes!' Ze zegt dat ze het snapt.

Na drie uur rijden komen ze in het Groningse niemandsland en volgen de bordjes naar het lustoord van Lenie 't Hart.

Voetbaltechnisch is de rit vlekkeloos verlopen. Eén keer zei zijn vrouw: 'Gebruik de sproeier, je ziet niks door de ruit!' Dat laatste woord zorgde voor een kleine oprisping.

Voor het eerst denkt Dick even niet aan het EK. Hij ziet wad, zeehonden, een mooie crèche en kijkt naar zijn kleinkind. Even is hij helemaal weg. Weg van de donkere werkelijkheid. Dan ziet hij opeens het aandoenlijke fietsenrekje in het mondje van zijn oogappel. Hij zoekt in zijn broekzak naar wat kleingeld. Daar zijn opa's tenslotte voor.

'Mooie zeehondjes', murmelt hij tegen het meisje.

Zij heeft haar zeehondenuitje echter goed voorbereid en corrigeert haar grootvader met de tekst: 'Dat zijn geen zeehondjes, opa!'

'Wat zijn dat dan?' vraagt Dickie vrolijk verbaasd.

En dan deelt zij de definitieve genadeklap uit met het meedogenloze woordje: 'Robben!'

Broekje

Peter Paul de Vries, de keizer van de Vereniging van Ef-
fectenbezitters, de angst van het Ahold-bestuur, de luis
in de pels van de Shell-directie, de schrik van het KLM-
management en ga zo nog maar even door. Ik zie hem
graag over mijn beeldbuis schuiven. Vooral op aandeel-
houdersvergaderingen. Ik hou van mensen die ervoor
zorgen dat zelfverrijkende grootgraaiers geen seconde
zonder wroeging in hun ordinaire buitenhuis aan de
Côte d'Azur zitten. Niets is leuker dan een Cees van der
Hoeven die tot zijn dood blijft schrikken van een onschuldig surveillerende politieauto. En als iemand dat
door aanhoudend doorzagen op zijn geweten heeft,
staat hij bij mij nog niet op een sokkel, maar al wel vast
op een omgekeerde emmer. Ik zeg niet dat Peter Paul er
afgevallen is, maar hij wankelt wel. Wat er gebeurd is?

Anderhalf uur na het Portugese voetballesje van afgelopen woensdag was hij gast in een nachtprogramma
op de radio. De presentator liet ons weten dat Pitbull
de Vries, zoals hij door zijn vijanden genoemd wordt,
in een oranje T-shirt in de studio zat. Dit had alles met
het EK te maken. En toen vertelde de VEB-directeur dat

hij de wedstrijd schreeuwend op de bank in een kort oranje broekje had gevolgd. Zover ik begreep zat op diezelfde bank ook een mevrouw De Vries. Een tweejarige wolk lag in de kinderkamer te slapen.

Ik was onthutst. Verpletterd. Kapot. Peter Paul de Vries, de man die het halve bedrijfsleven dag en nacht in het vizier van zijn altijd op scherp staande kalasjnikov houdt, zit thuis op de bank in een kort oranje broekje en T-shirt naar het Nederlands Elftal te kijken. En vertelt dat zelf schaamteloos op de radio! Dodelijk carrièremoment. Op welke vergadering hij vanaf nu verschijnt, hoe goed hij de dossierfeiten in zijn hoofd heeft zitten en hoe scherp hij zijn vragen ook formuleert: de brede tafel met de arrogante captains of industry kijkt cynisch glimlachend naar de ooit zo gevreesde vragensteller. Ook de zaal met muisgrijze aandeelhouders ziet de man in zijn oranje korte broekje staan. Sommigen fantaseren de Heinekentoeter op zijn hoofd erbij. Het spel is uit. Al ontdekt hij een waterdicht boekhoudschandaal van 8 miljard. Hij kan niemand meer overtuigen. Men vraagt zich tijdens zijn betoog af wat voor sokken en schoenen hij onder zijn oranje broekje droeg. En wat voor bank zal hij hebben? Een kunstlederen driezitter? Plakt dat niet aan de blote bovenbeentjes?

Ik las ik in de krant dat heel veel Nederlanders zich op de wedstrijddagen ten onrechte ziek hebben gemeld. Vervolgens zag ik hoe de gemiddelde Nederlander zich had toegetakeld. Ten onrechte ziek? Integendeel. Dood- en doodziek. Zwaar geestelijk gestoord zelfs. Een massale psychose. Zelfs de directeur van het bedrijf waar Dick Advocaat zijn haar least werd na de historische Robbenwissel telefonisch bedreigd. Je hebt te diep geboord klootzak, kreeg de man te horen. Niet ongeestig trouwens.

In veel verzorgingshuizen bladeren kinderen met hun demente vader of moeder door hun fotoalbums. Zo'n terugblik schijnt de oudjes rustig te maken. Maar als je over veertig jaar dement en wel geconfronteerd wordt met jezelf met een oranje kaas, klomp of molen op je hoofd, dan weet ik niet of dat je verkalkte hersenkwab kalmeert. Ik ben bang dat je het hoofd hard hoort brokkelen.

Dat het gepeupel er zo bijloopt snap ik, maar dat door mij redelijk hoog geachte mensen zich schminken tot verwarde randdebielen kan ik nog steeds niet volgen. Als ik koningin van zo'n volk was zou ik onmiddellijk aftreden. Ik zou me snikkend terugtrekken in Porto Ercole en me daar op het dorpspleintje laten stenigen door de plaatselijke maffia, die me daarna aan de grote dorpseik mag ophangen.

Ik eis van Trix in een open brief aan mij nederige excuses voor het feit dat ze ons volk tijdens haar regeerperiode zo schandelijk verwaarloosd heeft. Maandag komt die brief op de voorpagina van deze krant. Als mijn collega Jan Mulder al antwoord krijgt van de minister-president dan heb ik, volksnar en vedette bij uitstek, toch minimaal recht op een klein oranje sms'je. En maandag verkoop ik al mijn aandelen!

Hartjeuk & Zieleczeem van Youp van 't Hek werd in de herfst van 2004, in opdracht van Uitgeverij Thomas Rap te Amsterdam gezet uit de Minion door CeevanWee, Amsterdam en gedrukt bij drukkerij Wöhrmann te Zutphen.

Omslag: Rudo Hartman

Deze columns verschenen eerder in *NRC Handelsblad*

ISBN 90 6005 516 0